東京が燃えた日

―― 戦争と中学生 ――

早乙女勝元著

岩波ジュニア新書 5

目次

写真下＝東京・浅草地域の焼け跡

第一章　最初の敵機

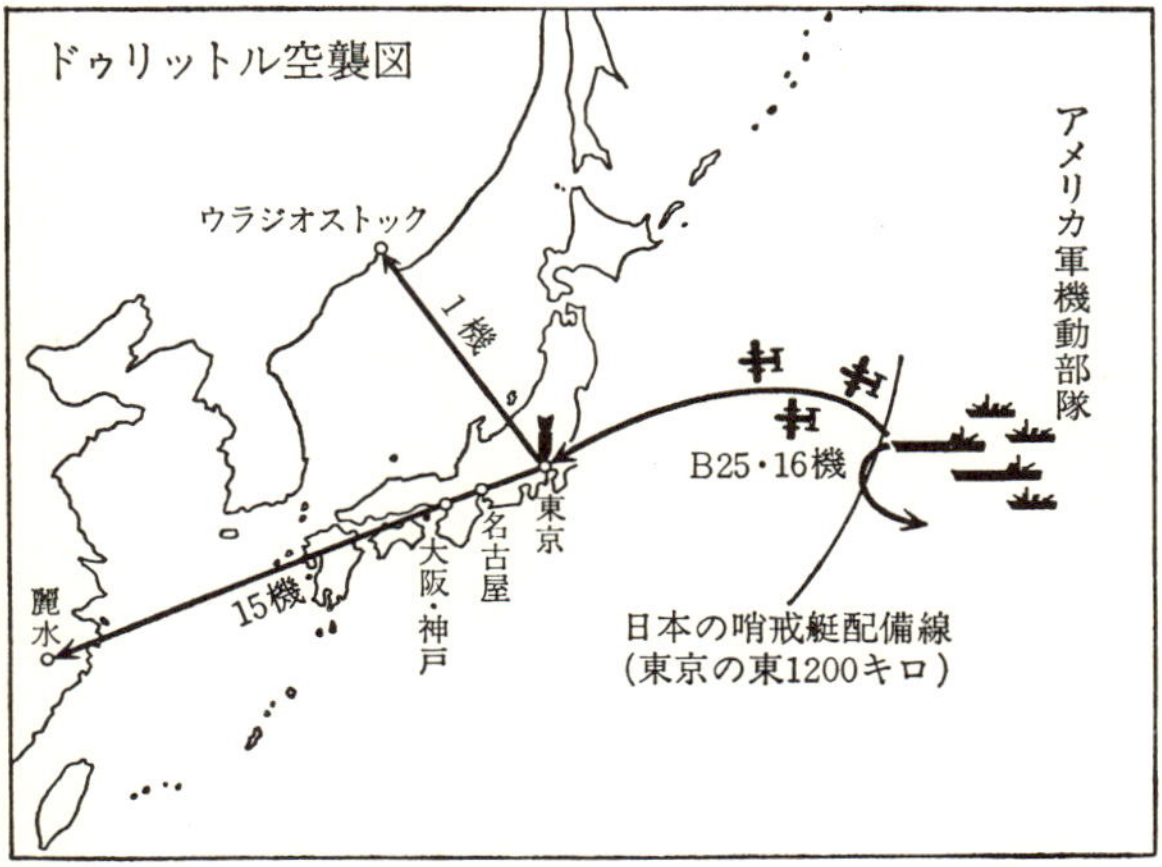

東京初空襲(1942年4月18日)アメリカ軍の経路

はじめての東京空襲

最初の東京空襲は、一九四二(昭和一七)年四月一八日のことだった。

日本軍がハワイの真珠湾《パールハーバー》へなぐりこみのような奇襲攻撃をかけて、太平洋戦争の火ぶたが切って落されたのが、前年の一二月八日だったから、それからわずか半年、正確にいえば一三二日目にいきなり〝通り魔〟のように、米軍機が〝帝都〟上空に姿を現わしたことになる。東京が敵機の火の雨にさらされたのは、この日が皮切りである。

それは、当時アメリカでは、もっとも長い航続距離をもち、しかも高速力で、九〇〇キロからの爆弾を搭載《とうさい》できる双発《そうはつ》の陸軍中型爆撃機、ノースアメリカンB25一六機からなる編隊で、総指揮官はジェームス・H・ドゥリットル中佐だった。「リメンバー・パールハーバー」、真珠湾をくりかえすな、忘れるな、のかけ声のもと、ドゥリットル隊を積んだ米第一八機動部隊の航空母艦ホーネット号が、サンフランシスコを出港したのは、二週間ほど前の四月二日のこと。重・軽巡洋艦《じゅんようかん》各一隻と四隻の駆逐艦《くちくかん》などに守られて、荒天の海上を波浪をかきわけて進み、飛行甲板の端から端までぎっしりと翼をつらねた爆撃機が、艦の振動によって故障を起さぬように気をつかいながら、真珠湾から出動してきた第一六機動部隊と合流したのは、一三日早朝、ミッドウェーの北方でだった。

　これでドゥリットル隊は、空母二隻、巡洋艦四隻、駆逐艦八隻、油送船二隻からなる大機動艦隊となって、ウィリアム・F・ハルゼー中将指揮により、一路日本へむかって全速力で西進した。

ノースアメリカンB25

　ドゥリットル中佐は、できるかぎり日本本土に肉薄《にくはく》してから空母を飛び立つことを考えていた。発艦した後は、ふたたび空母へもどってくることのない作戦だったからである。一六機の爆撃機は、東京など日本の主要都市を襲ったあとは、中国東部の基地へ逃げこもうという計画で、このことはもちろん蔣介石《しょうかいせき》政府の事前の同意を得ており、隊員たちは作戦成功のために、すでに本国のフロリダ州エグリン飛行場で、「九〇〇キロの爆弾を積んで、一五〇メートルの滑走で離陸でき、三〇〇〇キロの航続《こうぞく》距離《きょり》ＯＫ」の猛訓練を終えてきていた。いわば、真珠湾報復の奇襲作戦で、日本軍が先になぐりこみをかけてきた以上、同じ戦法で日本本土に強烈なアッパーカットをあびせようというわけである。

ところが、この機密作戦に、思わぬつまずきが生じた。

四月一八日の早朝、空母ホーネットの非常サイレンがはげしくなり響いた。

米機動部隊は、目的地日本本土の東方一三一七キロの海上で、ばったり日本哨戒艇《しょうかいてい》に出くわしたのである。思いもよらぬ邪魔物《じゃまもの》があらわれたのだ。

ハルゼー艦隊が発見したのは、日本海軍第二三日東丸《にっとうまる》だったが、日東丸のほうも、同時に米大機動部隊の出現に目をむいた。

「敵空母三隻見ユ、ワガ地点、犬吠崎《いぬぼうさき》ノ東六〇〇マイル！」

日東丸は警報の第一電を発信したとたんに、撃沈された。

いまや作戦の秘密はたもてなくなった。ぐずぐずしているうちに、日本軍攻撃機が上空をおおいつくすかもしれない。空母ホーネットは、ただちに爆撃機を飛び立たせて、身軽になってしりぞくか、さもなければ爆撃機を乗せたまま撤退するか、そのどちらかをえらばなければならなくなった。しかし、かりに爆撃機を発進させるにしても、予定地点より二八〇キロも遠くはなれた海上にある以上、B25型機のガソリンが、はたして、日本をへて中国基地にまでたどりつけるかどうかの不安があった。

ハルゼー将軍は、あえてその不安を押しきっても、日本に一撃をあたえる機会のほうをえらんだ。その夜の夜間攻撃をいそいで変更し、午前八時、ドゥリットル隊に発進命令がでた。搭乗員《とうじょういん》たちは緊急の準備にあわてながら、日本まで一一五〇キロ、都心部まで一二三五キロの地点で爆撃機に乗りこみ、ドゥリットル中佐機を先頭にして、暴風吹きすさぶ洋上へ、つぎつぎと発艦した。

一六機がぜんぶ飛び立ったとたんに、ハルゼー艦隊はその艦首をぐるりと急回転させ、速力二五ノットの最大限のスピードで後退した。第二三日東丸の無線を受けた日本軍情報部では、本土空襲近しとみて一応の警戒体制を布いたものの、米空母がまさか陸軍中型爆撃機を積んでこようとは考えもつかなかった。ふつう艦載機《かんさいき》は海軍の小型機とかぎられているから、一〇〇〇キロ以上も先からとびたてるはずはない。米空母機動部隊が発見されたあとで撤退しなかったにしても、日本本土空襲の目的をはたすとすれば、さらにかなりの時間危険を覚悟のうえで近接しなければならないので、空襲がある場合でも翌一九日以降とふんでいたのである。

したがって、B25はまったくなんの反撃も受けることなく、大海原《おおうなばら》をひとまたぎに飛びこえて、一八日正午に日本本土に到着したが、東京では皮肉にも折からの防空訓練の最中だった。訓練中に模擬《もぎ》敵機がやってきたのかとかんちがいしてか、「なんと、われわれにむかって手をふる人」もいて、ドゥリットル中佐の一番機が〝帝都〟に侵入、最初の爆弾を投下したのが一二時一五分だったが、空襲警報のサイレンがけたたましくなり響いたのは、同二九分。第一弾投下より一四、五分も過ぎてからのことだった。

その日の私　当時、私は一〇歳。向島《むこうじま》区(現在の墨田区)の寺島《てらじま》町に家があって、寺島国民学校(小学校)の五年生だった。

私は、初空襲のその日の出来事をよくおぼえている。

土曜日だったから、授業は午前中でおわった。あいにくと掃除当番にあたった私は、何人かの級友とともに、まだ教室に残っていた。当番は掃除のほかにも、なお余分な仕事がある。黒板の横の壁にはりつけられた地図をよく点検し、破れ目などはきちんと補修しなければならない。壁からはみださんばかりにばかでかくはりだされた地図は、大東亜《だいとうあ》地図といった。いわば〝戦況速報〟の地図で、ラジオのニュースで勇ましく軍艦マーチがなり、大戦果があがるたびに、当番の生徒がいすに乗って小さな紙型をはりつけ、日づけを書きこむしくみになっている。

紙型は三種類あって、日本軍が占領したところは日の丸、空襲したところは爆弾、敵艦隊を沈めたときには、その数だけの軍艦という具合だった。

すでに大東亜地図は、数えきれないほどの日の丸、爆弾、軍艦のマークで、ぎっしりとうずまっていた。まだ日の丸はつかないけれども、なんといっても爆弾、軍艦のマークが一ヵ所にもっとも多く集中しているのは、太平洋も中心部に近い孤島ハワイであろう。一九四一(昭和一六)年一二月八日未明、ハワイの真珠湾を不意撃ちした日本海軍航空隊は、米機動部隊のカナメともいうべき戦艦八隻、巡洋艦など八隻を撃沈または大破し、飛行機三〇〇機を撃破するという大戦果をあげた。八枚の軍艦マークが、ハワイをべたべたと取りかこんでいる。

二日後、こんどはマレー半島沖で、イギリス東洋艦隊の主力戦艦プリンス・オブ・ウェールズとレパルスの二隻を一挙に撃沈、そして、おなじ一〇日にはグアム島、二三日にはウェーク島、二五日には香港《ほんこん》に日章旗《にっしょうき》がひるがえって、つぎつぎと日の丸のマークが花びらのようにひろがってきていた。米英二大国を相手に、わが陸海空軍の進撃は疾風《しっぷう》にも似て、敵の兵力は枯れ葉のように舞いあがり、この分でいくと太平洋をひとまたぎ、ニューヨークにまで日の丸のマークのつきそうな勢いなのである。

当然ながら、そのマークが、たとえ一枚なりともはがれて落ちた、などというミスは許されようはずがなかった。ミスがあればその日の当番は、先生からの猛烈な往復ビンタを覚悟しなければならない。いや、連帯責任を問われて、クラス全員が二列に向いあってならばせられ、おたがいに向いあった者の頰をなぐりあう制裁にまで及ぶかもしれない。となりのクラスで、事実あったことである。

私は、戦果を書きこんだ当番ノートを片手にもちながら、二つの目を皿のように開き、大東亜地図を端から端まで見つめて点検していた。勝った、勝った、勝ったの歓声をあげるのはいいが、痛い目にあってはかなわないと思う。

その時、急にどかどかと窓の外が鳴った。窓ガラスがかすかに反響し、級友の一人がけげんそうに眉をよせて、窓を開けた。すると屋根のひさしにさえぎられた空の一部に、白いワンタンのようなものが、ぱっぱっと浮くのが見えた。弾幕だった。その間を縫うようにして、なにやら黒っぽい機体が一つ、ずんぐりむっくりとした胴体をそりあげるようにして、飛んでいく。たちまち人家の屋根にかくれてしまったが、

「演習だな」

だれかがいった。

「それにしちゃ、ようあたらんように高射砲、撃つなあ」

もう一人がいった。

空砲かな？　私がそううたがったとき、突然に断続してサイレンがなりだした。空襲警報だった。そんな馬鹿な！　と私は思った。日の丸と爆弾と軍艦のマークだらけの大東亜地図を見つめていたせいか、皇軍《こうぐん》（当時、日本軍のことをこうよんだ）だらけでうめつくされたはずの太平洋を飛びこえて、敵機が頭上にやってこようなんて……夢にも考えられなかったことなのである。


「敵機が見える」


この日は快晴で、一点の雲もないコバルトブルーの空だったから、最初の敵機を目撃し、あるいはまたそのききなれぬ爆音をとらえた者は、私ばかりでなかった。

「ははァ、いよいよお出でなすったな！　と思ったが、少しもピンとこない」

と日記にしるしたのは、無声映画の弁士として名を高めた放送芸能家、徳川夢声《とくがわむせい》氏である。氏は当時東京杉並区の天沼《あまぬま》に住んでいて、空襲警報のサイレンを耳にするとすぐ、二階の窓から家宝の大双眼鏡を取り出して、爆音のきこえる空にレンズをむけたが、敵機はすばしっこくてなかなかつかまらない。庭の八重桜は今をさかりと咲きほこっている。高射《こうしゃ》砲《ほう》の音はたしかにきこえてくるのだが、「いかにも間のぬけた感じ」である。夢声氏は洗濯物をほしている娘にきく。

「一体ほんとうなのかねえ」

そのうち電話がなって受話器を手にすると、講談社《こうだんしゃ》からだった。

「ただいま、敵機が本社の上空をスレスレに通り、早稲田《わせだ》方面に爆弾を落しているのが、よく見えましたよ。どうでしょう。明晩の座談会は？　こんな場合ですから中止しましょうか？」

夢声氏は、やっぱり本当だったのかとつぶやき、空襲とはこんなにおだやかなものなのかと、おどろきとまどう。いや、ひょっとすると、「国民が近来、少々だらけ気味なので、活を入れるために空襲の真似《まね》をしておびやかしているのではないか」と暗にうたぐったりもする心情が、『夢声戦中日記』によく表現されている。

空襲警報中に、お嬢さんが洗濯物をほしていたり、どてら着の夢声氏が、二階の窓から双眼鏡をのぞいている様子など、考えただけでもユーモラスだが、この日記で見るかぎり、たしかにのんびりしておだやかなものである。日本軍は破竹の勢いで前進し、国民はみな景気のよい勝利のニュースに酔いしれていたから、空襲といっても、まだその深刻さは少しもないばかりか、キツネにつままれたように、ぽかんとしている。

もっとも徳川夢声氏は、外国製の大双眼鏡をのぞいたものの、B25はそれより早く爆音だけを残して飛び去ってしまった。つまり、機影を確認していないわけだから、それほどの緊張感もなかったわけだが、もし敵機が頭上にやってきたにしても、当時はまだ近くに待避壕《たいひごう》一つあるわけでないから、これぞという避難場所もない。ただ右往左往《うおうさおう》するだけのことだったろう。しかし、奇襲敵機をまのあたり目撃した人は、決してすくなくなかった。

「だれかが、〝敵機が見える〟とさけんだ。私はおそるおそる走って屋上へあがった」

当時、丸の内にあった渋沢栄一《しぶさわえいいち》伝記資料編纂所《へんさんじょ》に勤務していた評論家の松浦総三《まつうらそうぞう》氏は、その著書『東京が三度燃える日』の中に書きしるしている。

松浦氏は、一九七〇(昭和四五)年に私と二人きりで「東京空襲を記録する会」の結成を考え、やがて会が成立すると、事務局長として東京空襲伝達のための資料集つくりに尽力したが、氏がはじめてその目でとらえた敵機B25は「機体が精悍《せいかん》で大きくて爆音も金属的で」、それにくらべると日本機は「優雅《ゆうが》」だったが、なんとなく頼りなかったという。氏は一見して、たとえば中学野球(現在の高校野球)とプロ野球ぐらいのちがいを痛感する。

松浦氏がその日目撃したB25は、二機だった。日本軍の射つ高射砲はまったくあたらず、米機が通過したあとに、ときどき弾幕があがるが、まるでお義理で射っているようである。

日本の迎撃機《げいげきき》もたしかに舞いあがったが、見当ちがいのところを飛んでいるとしか思えなかった。

「今考えると、馬鹿なことだが、私は両手をひろげて、頭をおおいながら米機を見つめていた。日本軍の高射砲がこわかったからである。掌ぐらいで高射砲の破片が防げるはずはないのだが、本能的にそんなことをやったのだろう。だが、まもなく私は、それをやめてしまった。あまりにも、日本側の高射砲の弾《たま》が少なかったからである。私は、それをまのあたり見ながら、こんどの空襲もこの程度のものなら、そう恐れるにたりないと思った」

しかし、松浦氏が編纂室にもどると、室内にいた学者の面々は、今後の空襲にそなえて資料を疎開しなければの意見を出し、アメリカの生産力から見て空襲はこれからいよいよ激化するだろう、と口々にいう。まだ二〇代の若い松浦氏は、諸先輩の発言に、だんだんと悲観的になってきて、「恐れるにたりない」と思った空襲を考えなおすようになる。たしかに、B25による東京初空襲は、決して、恐れるにたりないものではなかったのだ。

警視庁カメラマンの石川光陽《いしかわこうよう》氏は、もっとも被害の大きかった荒川区の火災発生現場へ、カメラをかかえて車を飛ばしたが、最初にたどりついたところは尾久《おぐ》警察署だった。『空襲撮影日記』から、尾久町の惨状の一部を紹介させていただこう。

署長と車に乗り、都電熊の前停留所を左にはいるとせまい道路いっぱいにすごい人の流れで、とても車はとおれないので車を降りてあるいた。

現場にくると相当広範囲に家屋が燃えていて、白と黒の煙がもうもうと立ちあがり、消防隊員が管鎗《かんそう》を握って消火につとめていた。そのわきにはぽっかりと爆弾の落ちた大きな漏斗孔《ろうとこう》が口を開けており、その孔のふちに建つ二階屋は爆風で戸障子や壁はふっ飛んでかたむき、家の中の家具や布団がまる見えで、あたりは紙屑や、書籍が散乱してものすごい有様だ。……火災現場は鎮火していたが、相当広範囲が焦土となり、煙が立ち残火がくすぶっていた。

旭電化(工場)に行ってみると、爆風で各階のガラスは全部破壊されていたが、幸い火災はまぬがれ、死傷者もないと責任者はいっていた。

そこを出て寺の境内《けいだい》らしいところにくると、警察官や消防団員が焼死体を運んできて、焼けトタンの上に一体ずつならべていた。男女の区別もわからないくらいに焼けていて、子供の焼死体もあった。

報告によると一家六人の焼死体で、最初の戦争犠牲者である。私たちは静かに冥福《めいふく》を祈って、そこを立ち去った。これから後の空襲被害にくらべれば、きわめて軽微なるものであるが、その時の衝撃は大きかった。

アメリカ側の資料によると、B25各機の搭乗員《とうじょういん》たちに割りあてられた攻撃目標は、弾薬、鉄鋼、ガスおよび化学の工場や、動力源ならびにトラックや戦車の製作所などの〝軍事的〟なものにかぎられ、非戦闘員の殺傷は厳重にいましめられていたのだが、かならずしも、そのワクは守られなかったようである。いや、そのワクを超えたところにこそ、戦争の非情さがあるのかもしれない。

石出巳之助君の死

B25の一機が、葛飾《かつしか》区の水元小《みずもとこ》合上町《あいかみまち》の上空にあらわれたのは、零時三〇分頃のことである。

東京といってもはずれに近い水元は、その名のとおり中川の水郷《すいごう》情緒にあふれたところで、水草の繁るなかに天然記念物のオニハスが発生し、白サギの飛びかうのどかさである。水域から土手をへだてると、ところどころこんもりとした森があるほか、田と畠ばかり。その中にぽつんと、木造二階建ての水元国民学校があった。

同校高等科一年生になったばかりの石出《いしで》巳之助《みのすけ》君（当時一四歳）の家は農家で、学校から歩いて、ほんの五、六分の場所にある。石出家では、その朝早くから親せきやら、近所中の人たちが総出で、お赤飯と煮しめつくりに、にぎにぎしくも活気に満ちていた。というのは、陸軍上等兵として「満洲《まんしゅう》」の守りについていた同家の長男、春吉氏が実に四年ぶりに帰還するという連絡がきていたからである。

春吉氏は、一八日午後の列車で、もよりの国鉄金町《かなまち》駅に到着する。だから、巳之助も、朝からうきうきとはずんでいた。四年ぶりにあう兄は、どんなであろう。それを思えば、少年の顔は自然とほころんでくる。父の文五郎氏と母のくらさんは、彼の心中を察してか、

「なんだったら、今日は学校を早退してくるかい?」

しかし、巳之助は、うなずくわけにはいかなかった。

彼は、この春国民学校初等科を卒業して高等科に進んだわけだが、とても丈夫だったし意志も強く、入学時から毎年学期末にはずっと皆勤賞《かいきんしょう》を受けていた。雨の日も風の日も、またすこしくらい風邪《かぜ》をひいても、一日も休まずにとおしたのだから、たとえ一時間といえども学校をおろそかにはできない。早退したなどといったら、軍人の兄も怒るだろう。それに今日は土曜日だ。どっちにせよ、授業は昼食前に終るのである。

その日の午前中は、少年にとって、どんなに心さわぐ時間だったことだろう。最後の四

時間目は、農業実習の開墾作業だった。巳之助は組長という責任感もあって、時間がきてもまだ畑をたがやし、きちんと農具の後かたづけをして、ようやく帰途についたときには零時三〇分を二、三分過ぎていた。校門を出たとたん、空襲警報のサイレンが、不気味にうなりだしたのである。

しかし、三キロほどもあるはるかな町なかからきこえてくるサイレンだから、その音はひくい。生徒たちが下校した職員室では、学校長が留守で、教頭の西川千秋氏が一三名の職員とともに、同じ警報を耳にした。職員たちはいそいで腕章をつけたり、ゲートルを巻いたりしはじめたが、そのうち一人が、学校近くの路上にいる生徒たちの身をあんじて、

「早く帰宅、避難させなければ……」といった。

「それでは、まず児童の保護誘導に出むいてください」

西川氏の命令で、職員たちはいそぎ職員室を出た。氏もつづいて運動場に出、校庭中央の号令台のそばで、緊急事態の発生に気をくばった。生徒のことも心配だが、責任者として学校から離れるわけにはいかない。

この時、はるか南方の空を東から西へ、妙な飛行機が飛んでいくのが、西川氏の目にうつる。ドドーンという音響は爆弾か。高射砲の音もいくつか、ポーン、ポーンと花火のよ

うにあがる。敵機はどこにいったのかその姿が見えない。

「ふと目をあげると、北の森のほうから、突然ポカッと真っ黒い飛行機があらわれた。ものすごく大きく、まるで機関車が空に浮いているように見えました。その機関車が、きわめて低空で、ズズズ……とあまり大きくないうなりを上げて、こっちへ向ってくる。私は思わず号令台にへばりついて身を伏せました。同時に、タタタッ……という、聞いたこともないような音が何秒かつづきました。もう生きた心地もなく、それでもひょいと顔を上に向けたら、鉄カブトをかぶった人間が、飛行機の中にはっきり見えました」

帰宅途中の生徒たちは、フルスピードで襲ってくる敵機の機銃弾をさけて、道ばたに顔をふせ、あぜ道の草むらに頭をつっこみ、あるいはまた細い溝に身をかがめて息をつめたが、巳之助少年は校門を出てまだ二、三〇メートルしかきてなかったから、何人かの級友たちと一緒にきびすをかえして、とっさに学校内へ避難しようと走った。

B25は、その巳之助を追ってきた。

一〇度か一五度の、ほとんど水平にちかい低角度から、機銃弾をあびせかけた。しかし、巳之助は全速力で走って、無事に校門から校舎へととびこみ、廊下から教室へとむかった。机の下にでももぐりこもうと考えたのだろう。教室の入口にもう一足というところで、機銃掃射《そうしゃ》の一弾は窓ガラスを貫通して、彼の脇腹をえぐった。

少年は廊下にたおれ、みるみるうちに鮮血にそまった。右腰上背部に直撃を受けたのである。しかし、担任がいないために、とっさに何年何組のだれなのかわからない。西川氏ほか何人かの職員がかけよって、すぐに衛生室へはこびこんだ。いくら声をか

石出巳之助君

けても、返事はない。どこをやられたのかと出血のもとを調べるため、ズボンを脱がせてみると、下横腹からどくどくと鮮血があふれ出てくる。出血を防いで、急いで包帯をし応急手当をした。他の職員がかばんを開けてみると、まあたらしい教科書が出てきた。裏表紙に書きこまれた文字で、学年と氏名がわかった。四月新学期がはじまったばかりだから、教科書もノートも、ほとんど使っていないのが痛ましい。

もはや、ぐずぐずしてはいられなかった。町内にある学校医やら、あちこちの医院へ電話のダイヤルをまわしたが、混乱中でひとつも通じない。西川教頭は、学校へつめていた

警防団員に家庭への急報をたのみ、ひん死の重傷にあえぐ少年を担架に乗せて、町なかの三菱《みつびし》製紙工場の医務室をめざして走った。

一方、警防団より早く、級友によって、緊急事態は一足早く、家庭へ知らされた。

「巳之ちゃんが敵機にやられた！」

春吉氏の帰還祝いの準備もととのった石出家は、敵機の奇襲に仰天《ぎょうてん》し、ついでつぎの急報に色をうしなった。たぶんどこか怪我《けが》でもしたのだろうと、一六歳の姉の喜代子さんが、とっさにおぶい紐《ひも》をつかみ、おさげ髪をふりながら家を飛びだし、両親もそのあとにつづいて学校へかけつけたが、本人はすでに町なかの医務室へ運ばれたあとだった。

それから一同は、重傷の巳之助を追って、三キロさきの町をめざし、スミレ、タンポポ、レンゲの花さくあぜ道をひた走りに走ったが、三菱製紙工場の医務室へたどりついてみると、すでに巳之助君の脈は切れていた。そのとじた幼い目は、二度とふたたび開くことはなかったのである。

「巳之助や、巳之助や！」

と、くらさんは死体に取りすがってさけび、文五郎氏は、うなだれ切ってたたずんでいる職員の前で、一言《ひとこと》ひくくつぶやいた。

石出巳之助君の墓．お姉さんと弟さんと

「なぜもうすこし早く、家へかえらせてくれなかったか。それに……こんな子どもまで殺さずとも……」

あわれな遺体を引きとって、リヤカーに乗せて帰宅すると、軍服姿の春吉氏が家の前にぼうぜんと立ちつくしていた。変りはてた愛弟の姿に、この兄は、なにを思ったことだろう。

巳之助少年が、あれほど心待ちにしていた兄との対面が、これほど無残に引き裂かれようとは！

しかし、悲憤の涙をながした春吉上等兵も、文五郎氏もくらさんも、すでにこの世にはいない。

春吉氏はそれからまもなくしてまた出征していき、一九四五(昭和二〇)年七月二四日、フィリピンのミンダナオ島で戦死した。そのあとを追いかけるように、両親も死んだ。文五郎氏とくらさん、そして春吉氏は、あの世で巳之助少年と出会って、もう二度と離れまいと手をにぎり合い、戦争のない社会を祈っているのではあるまいか。私には、そんな気がしてならないのである。

葛飾区水元猿町《さるちょう》の法林寺には、その年の八月、父文五郎さんの手によって建てられた少年の墓が今もある。墓標には「石出巳之助之墓」と記され、側面には「悲運銃撃善士」とあって「昭和十七年四月十八日米国敵機ノ機銃弾ヲ受ケテ死亡ス性温和至純至孝《しじゅんしこう》身体強健ニシテ将来ヲ嘱望《しょくぼう》セラレシニ此ノ災禍ニ遭ヒテ殉職ス、享年《きょうねん》十四歳」の文字がきざまれている。

私をこの墓に案内してくれたのは、当時二歳で、巳之助あんちゃの背におぶさって成長した末弟の石出敏雄氏と、とっさにおぶい紐をつかんで学校へかけつけたという、けなげな姉の喜代子さんだった。東京空襲の犠牲者第一号は、なんの罪もない一四歳の少年だったのである。

撃墜したのはクウキのみ

警視庁の発表によると、東京に奇襲攻撃をかけたノースアメリカンB25は六機(他は川崎、横須賀、横浜、名古屋、大阪、神戸などへ向った)で、六〇〇メートル内外の低空で一機ずつばらばらに攻撃をおこない、投下弾は爆弾二五〇キロ級六発、焼夷弾《しょういだん》は小型エレクトロン四五二発で、焼失した地域は主として荒川区尾久町、王子《おうじ》区(現在の北区)稲付《いなつけ》町、小石川区(文京区)関口水道町、牛込《うしごめ》区(新宿区)

早稲田鶴巻町、馬場下町など。焼失家屋六一棟《むね》一二三七世帯で、「都民ハ初空襲ニ虚ヲ衝《つ》カレ防禦ニ狼狽《ろうばい》シ、留守宅等ヨリ一帯ニ火災発生ス」、しかし「民間防空ノ適切ナル初期防火ニヨリ」大火にならずにすんだ、といわんばかりの記録が警視庁『空襲災害状況』報告にある。

同記録によると、東京都内での死者は三九人、重傷者七三人、軽傷者二三四人と出ている。もっとも犠牲の多かったのは荒川区で、前述の石川光陽カメラマンの日記にもあるとおり、旭電化工場を中心とする尾久町の人口密集地帯が爆撃され、死者一〇人、重軽傷者四八人を出したが、隣接した葛飾区の死者は一人である。その一人とは、いうまでもなく石出巳之助少年のことで、B25が爆弾、焼夷弾のほかに、どれだけの機銃弾を発射したかまでは、日米どちらの資料にもしるされていない。もう一人、早稲田中学校で中学生の一人が、校庭で焼夷弾の直撃を受けて即死している。

これらの被害は当時極秘《ごくひ》事項で、もちろん表ざたにされることなく、一八日の午後一時五七分、東部軍司令部はラジオを通じて、つぎのように発表した。

午後零時三〇分頃、敵機数方向ヨリ京浜地方ニ来襲セルモ、ワガ空・地両防空部隊ノ反撃ヲ受ケ逐次《ちくじ》退散中ナリ、現在マデ判明セル撃墜《げきつい》九機ニシテワガ方ノ損害ハ軽微ナ

ル模様ナリ、皇室ハ御安泰ニワタラセラル

さいわいにして、当時私の住んでいた向島の町は、ほとんど無傷だったが、このラジオ・ニュースに、父はふと首をかしげたものだった。なるほど、東部軍司令部のいうとおり、損害が軽微だったことも、皇室がご安泰だったことも、たしかかもしれない。東京に侵入した機数が六機たらずで、それによって大火災がおこったという様子も見受けられなかったからだ。

しかし、「九機撃墜」というのはどうか。九機といえば、日本本土に侵入した敵機一六機の半分以上になる。そんなにたくさんのB25が、つぎつぎと〝撃墜〟されたなら、一点もさえぎるもののない紺青《こんじょう》の空なのだから、大勢の人びとの肉眼にとらえられぬはずはない、と父は主張する。すると母が同意した。やはり、これはおかしい、へんだ、ということでは、私も子ども心に同感だった。

そのうち、どこからともなく、わが空・地両防空部隊が落したのは、九機でなくて、実はクウキ(空気)でなかったか、といううわさがひろがった。

この種のうわさは、特定の者が吹聴《ふいちょう》しなくても、ラジオのニュースをきいただれしもが考える疑問を下地にしている。九機はおかしい、そんなに落ちたはずはない、九機とは

——といっているうちに、九機の発音がクウキに飛躍することはありうることで、それはまた、連戦連勝の戦局の中で、まんまと敵機を帝都に入れてしまった完璧《かんぺき》なはずの防空陣への、すくなからぬ批判でもあっただろう。

じつはこの初空襲で、私の心の中に、思わぬしこりが残ることになったのである。

クウキ発言は、横丁の大人たちのささやきから子どもたちにと受けつがれて、学校の教室にまで持ちこまれた。子どもの世界には、そうした耳よりなニュースは面白おかしく、当初はなんのためらいもなかったから、日頃、腕白《わんぱく》を誇る級友の一人など、エヘンオホンともったいぶった咳《せき》ばらいをして、

「えー、金平糖《こんぺいとう》のマークをつけた敵機は、空母より飛び立ったものと思われる……」

と先生の口調よろしく、壁いっぱいにはり出された例の大東亜地図の前に立った。ちょうど昼休み中だった。彼は長い棒を手にして、本土に近い太平洋上を示し、こんどはその口調を、ラジオのアナウンス調に変えた。

「空母をはなれたる敵爆撃機一六機、それ、あたかもトンビのように帝都上空に侵入せり。わが軍の戦闘機ならびに高射砲は、にっくきトンビをむかえうつも、零時三〇分現在、撃墜せるはクウキのみなり」

取りまいていた者たちは、腹をかかえて笑いころげた。私も笑った一人だったことは、まちがいない。ところが、つぎの瞬間、その笑いがこわばった。

となりの組の教師が、いきなりずかずかと教室に踏みこんできた。〝電柱〟とあだ名のついた師範学校を出たての青年教師である。廊下をとおりかかって、耳にとめたのだろう。その眼球が、今にもはじけ飛びそうに見えた。

「なにがクウキだ。この非国民め！」

腕白の手から、長い棒がすっとんだ。パチパチと彼の頬が左右つづけてなり、その音がたちまちつぎの頬から頬へとうつって、目の前の風が切れた。あっと思ったときには、私の両頬は火を吹いていた。家にかえって鏡をのぞきこんだら、まだ手型がのこっていたから、かなりの猛烈ビンタだったことがわかる。B25のおかげで、ひどい目にあったわけだ。東京初空襲の被害者というなら、私もくわえてもらう資格があるかもしれない。

しかし、このクウキ発言は、きわめて短時間に、かなり広範囲にささやかれたようである。大本営もさすがにバツが悪かったものか、さきの東部軍司令部の発表を訂正し、二一日の新聞紙上で、あらためて詳細を発表しなおした。

一、四月一八日未明航空母艦三隻ヲ基艦《きかん》トスル敵部隊本州東方洋上遠距離ニ出現セルモ、

我ガ反撃ヲ恐レ敢《あえ》テ帝国本土ニ近接スルコトナク退却セリ

二、同日帝都ソノ他ニ来襲セルハ米国ノースアメリカンB25型爆撃機一〇機内外ニシテ、各地ニ一乃至《ないし》二機宛《ずつ》飛来シ、ソノ残存機ハ支那《シナ》大陸方面ニ遁走《とんそう》セルモノアルガゴトシ

三、各地ノ損害ハイズレモ極メテ軽微ナリ

記事の見出しには「敵空母三隻空《むな》しく退却」「僅かに約一〇機分散飛来」「逃げ足速し」「貧弱なる来襲勢力」などとある。来襲機一〇機内外(六機はぶかれた)が、もしほんとうに貧弱な勢力だったとするなら、みすみす〃帝都〃に侵入され、しかも無傷で逃げ切られてしまったわが軍の守りは、一体どういうことになるのだろう。陸軍省の作った歌に「空襲なんぞ恐るべき、護《まも》る大空鉄の陣……」とあるが、鉄の陣そのものがあやしくなってくるではないか。

いや、それよりもなによりも、大本営がさきの発表の「九機撃墜」をとりけしたことは、だれの目から見ても、うたがう余地のない事実だった。わが軍がうち落したのは、九機でなくて、やはりクウキだったのだ! そう確認しなければならないということは、ぞっとするほどおそろしいことだった。無傷で去った敵は、またやってくるかもしれない。きっとやってくるだろう。もしも、敵機がウンカの大群のように押しよせてきて、頭上をおお

いつくしたとしたら……

それにしても、クウキ発言で、私と何人かの級友に往復ビンタを飛ばした〝電柱〟からは、なんの訂正も謝罪もなかった。

初空襲がもたらしたもの

東京を中心に日本全国十数ヵ所を奇襲攻撃し、約四〇〇名を傷つけ、約五〇人の尊い生命を奪い、私の両頰に間接的な往復ビンタを残して飛び去ったドゥリットル隊のB25一六機は、日本本土をはなれた後、どのような運命をたどったことだろうか。

日本の上空では、攻撃機の犠牲は零だったが、日本本土を離れたとたんに一機は燃料系統が具合悪くなって、最短距離のソヴェトのウラジオストックにむかった。飛行機はソヴェト官憲に押収され、搭乗員たちも抑留される運命にであったが、一三ヵ月後にかれらはペルシャに脱出して助かった。

他の一五機は、いずれも予定どおり中国基地へとむかったが、あいにくと中国上空の天候は悪く、すでに日は暮れていて視界はきかなかった。目的地の麗水《れいすい》飛行場は誘導施設がなかったばかりか、予定よりも半日ほど早くたどりついた爆撃機の編隊を中国人たちは疑い、敵機かもしれぬということで飛行場の照明を消して、空襲警報を発令する始末だった。

編隊は、ついに降りる場所を失い、同時にガソリンが切れた。

四機は強行着陸に失敗して大破し、他の一一機の搭乗員たちは愛機を捨てて、暗夜に落下傘で飛びおりたが、一人が断崖《だんがい》から転落して絶命し、四人は湖上で溺死《できし》した。ほかの何人かは生命こそ取りとめたものの、手足を失ったり大怪我をしたりした。また、このうちの一機はいち早くガソリンを使いはたしたために、日本軍の占領地区ふきんの海面に着水した。ようやく海岸まで泳ぎついた三名の搭乗員は、もう一機の五名の全搭乗員もろとも、日本軍の捕虜になった。

しかし、全搭乗員八〇名のうち、指揮官ドゥリットル中佐以下大部分の攻撃隊員は無事に本国に生還して、東京初空襲は、これでひとまずのピリオドをうった。結局、空母ホーネット号から出撃したノースアメリカンB25一六機は、日本側の空・地両防空部隊の全力応戦にもかかわらず、それ以外の理由によって全機失われたのである。

米軍側の損失は決して小さいものではなかったが、日米両国民にあたえた影響は、それぞれちがった意味で大きかった。真珠湾からマニラと敗北に敗北をかさねてくさっていたアメリカ国民は、東京初爆撃のニュースにおどりあがって歓喜した。かれらの〝戦意昂《こう》揚《よう》〟にどれほど貢献したかは、後にドゥリットル中佐が国民的英雄となって、ルーズベルト大統領からじきじきの最高勲章をもらったことでもわかる。これに引きかえ、〃鉄の陣〃の守りを宣伝していた日本の軍部は、神聖な帝都上空をおかされることで面目をうしない、国民は連戦連勝の酔いもどこへやら、前途にすくなからぬ不安を抱いた。軍部は日常の防空・防火訓練を強調し、本土防衛のために、ソロモン方面で必要とされていた戦闘機を主力とする陸軍飛行隊四隊を、本土に釘づけにすることにした。

ここで、双方の力関係は逆転して、追う日本が追われる立場になった。

軍部はあせった。日本軍の捕虜となったB25の搭乗兵は八人だったが、軍法会議の結果、見せしめにそのうちの三人を死刑にした。「幼キ者ニ鬼畜ノ急降下掃射《そうしゃ》ヲ行イ」と大本営陸軍報道部の発表にあるから、水元国民学校生徒、石出巳之助君への機銃掃射が死刑の理由とされたことはたしかだが、搭乗兵は訊問で「掃射したのは兵舎だけだった」と主張しつづけた。もちろん、その主張は取り入れられなかったわけだが、はじめて目にした日本の小学校が木造二階建てで、屋上に丸太で矢倉を組んだ警防団本部の監視所まであったから兵舎にも見え、また軍服めいた服装の少年が小柄な兵隊のように見えたにしても、しかたなかったかもしれない。捕虜の死刑は、国際法に違反するということで、日本は世界の批判をあびることになった。

しかし、軍部はさらに深追いし、B25を乗せてやってきたハルゼー艦隊をとり逃がした無念の涙をはらし、本土防空哨戒線《しょうかいせん》をさらにひろげようと、ミッドウェー島攻略作戦に乗り出した。レーダーを中心とする偵察力の差が、この一大海戦の明暗をくっきりとわけた。米航空隊と機動部隊の反撃はすさまじく、六月五日、日本の連合艦隊は虎の子の空母四隻を失い、二度と立ちあがれぬほどのひどい完敗をした。このミッドウェー海戦から、アメリカ軍は積極的な反攻にうって出た。その物量に勢いをつけて、八月上旬にはソロモン群島のガダルカナル島に上陸、あとはじりじりとひた押しに押してくることになる。

勝った、勝った、とうつつを抜かしているうちに、すっかり雲行きがあやしくなってきたのである。B25による東京初空襲が、その最初のつまずきであることは、あきらかだった。

第二章　少国民と神風

少年だった当時の著者(中央)．右が兄，左が母と姉(昭和18年冬)

ドゥリットル隊のB25による東京奇襲爆撃は、日本軍が真珠湾攻撃でアメリカにあたえたほどの大ショックを、軍部にもたらした。国民のほうは、それほどの深刻さもなく、被害もすくなかったが、のんきにかまえていては困る、

防空・防火義務の徹底

空襲はこれからもあるということを前提に、東京市防衛本部は、四月一九日の各新聞を通じて、いっせいに防空・防火の義務の徹底をよびかけた。

注意事項の一つは、空襲下に屋外の見張りばかりしていて、自分の家に焼夷弾が落下したことも知らずにいたのでは火災を防げないので、「屋内の見張りも十分に」、二つに、爆風や爆弾の破片などで窓ガラスが破損しては、怪我《けが》のもとになるから、ガラスに「紙をはる」のを忘れずに、さらに「今までは焼夷弾は一つの隣組《となりぐみ》に一個ぐらいを見こして警戒していたむきもあるが、一戸に一個ないし数個落ちることもあることを予想して手ぬかりのないように」してほしいというのである。これを受けついで、内務省《ないむしょう》上田防空局長は、同日の新聞で「火災は必ず自分たちの手で消すの必勝の信念をもって、事にあたれば何ら恐るるに足りない」と強調した。

これで、隣組をつうじての防空・防火訓練が、全国津々浦々にわたって、いよいよ具体

化されることになる。今までも折にふれておこなわれてはきたのだが、それは国民にとって、ほんのおつきあい程度の行事だった。しかし、今度はちがう。現に敵機も頭上にやってきたのだから、本腰いれて、というわけで、昭和一七年夏から一八年にかけては、防空演習ばやりになった。それにしても、敵機から落される焼夷弾は、隣組一個あてから急にせばめられたにせよ、一軒に一個ぐらいというのだから、国民ばかりでなくて、防衛当局の認識もまだまだあまく浅いものだった。二年半後、約二〇〇〇トンもの焼夷弾の豪雨によって一夜で一〇万人もの東京都民が焼死するなどとは、軍も防衛当局も、だれ一人としてこの段階で考えた者はいなかっただろう。

なるほど、隣組あて一個の焼夷弾なら、消火活動もそれほどのことではない。これが、それぞれの家に一個あてだったにしても、家族一同心をひとつにして対処すれば、なんとか消せる。また断乎として消さねばならない。その心がまえこそが「必勝の信念」なのだといわれれば、だれしも、その気になろう。ために各家庭で準備すべき七つ道具が、内務省からつぎのように指示された。

イ　水　建物延べ一五坪（四九・五平方メートル）未満は一〇〇リットル以上、一五坪以上は一〇坪につき五〇リットル。容器は貯水槽、風呂おけ、たる、たらい、バケツなど。水の位置は、どこに焼夷弾が落ちても、すぐまにあうところに設置する。

ロ　砂か土　五〇リットル以上。すくって投げる分と、袋に入れてすぐ投げられる分とを数個にわけておく。

ハ　むしろ、かますの類　数枚

ニ　注水用バケツ、手おけ

ホ　火たたき

ヘ　とび口(なければ長棒)

ト　水びしゃく

なお服装は、防空活動にふさわしいものとし、頭や皮膚を露出しないように鉄カブト、帽子、防空頭巾《ずきん》に手袋、たび、靴の類を用意するように、というのである。

敵機来襲のおそれあるときは、警戒警報が発令されるが、サイレンは三分間連続吹鳴《すいめい》で警鐘は「〇　〇―〇」(一点と二点斑打)であり、敵機来襲の危険ある場合は空襲警報が発令される。サイレンは四秒(八秒休み)四秒と一〇回なる。警鐘は「〇　〇―〇―〇―〇」(一点と四点斑打)で、夜間の場合は、警戒警報と同時に屋外灯はもちろん、室内の明りも外へもれないようにし、窓には黒いカーテンをはり、電灯も黒い紙ですっぽりとおおうことになった。これを灯火管制といったが、空襲警報になったら、すべての照明は消さなければならず、万が一これにそむいて、灯が外にもれたような場合は、一年以下の懲役《ちょうえき》である。

やがて、私の住んでいた町の横丁でも、七つ道具を使っての防空・防火訓練が目立つようになってきた。

横丁の防空演習

その主力部隊は、厚手の防空頭巾をかぶり、救急袋を肩からななめにさげた主婦たちで、行列の中には母もいれば、となりのメッキ屋のおばさんもいる。みなモンペ姿で、それぞれ地下足袋《じかたび》か運動靴をはき、軍手をはめた手には、バケツ、火たたきなどを持っている。

町々でおこなわれた防空演習

主婦部隊の前に立つのは、戦闘帽にカーキ色の国民服、ゲートル姿の男たちで、隣組の防火群長と数人の警防団だが、若者はいたってすくない。若者たちはつぎつぎと召集されていってしまって、〃銃後〃の守りにつくのは、主婦と年寄りばかり。私をふくむ横丁の子どもたちは、見学組というわけである。

やがて、空地の片隅で、パパンとねずみ花火みたいのが、安っぽい音を立ててはじけた。

「それ、焼夷弾落下、落下!」

防火群長が、メガホンをふりふり、しわがれ声でどなれば、戦闘帽の上にかぶった鉄カブトが、大きすぎて不安定にゆれる。

主婦たちは、すぐ二列縦隊になった。それっとばかりに、バケツ・リレーがはじまった。ほんものの火災でないから、バケツは空だが、「米英撃滅《げきめつ》、イチ、ニ、サン」「米英撃滅、イチ、ニ、サン」のかん高いかけ声もろとも、バケツが宙をはずんでいけば、もう一列の主婦たちが、手にした火たたき、とび口などで、発火点に接近し、さっと空中にはらう。はらって、つぎつぎと交代する。

その格好が、なんだか神社でよく見かける神主のおはらいにも似ていて、私はおかしくてしかたがなかった。でも、笑うわけにはいかない。たとえ、どんなにへっぴり腰でも、母も隣家のおばさんも、顔中汗みどろで真剣そのものだったからである。

真剣なのはいいが、あれで、はたして空襲の火災が消せるのだろうか。横丁のどこかの家に焼夷弾が落ちたとして、そこにバケツ・リレーで水をはこんでいるうちに、うしろの一軒がどっと燃えあがったとしたら、どうなるのだろう。そして右の家にも、左の家にも火災が起きたとしたら、バケツ・リレーと火たたきでは、ちょっと心細いなと思う。そのたよりなさが、子ども心にもある種の不安に結びつくのを、押えようがないのだ。

しかし、そういう私も、子どもとはいえ、傍観者ではいられなかった。第一、子どもとはよばない。小さいながらお国のためにつくす「少国民」なのである。

少国民となったら、横丁や路地裏のあそびだって、ベーゴマやメンコ、なわとびやかくれんぼうというわけにはいかない。それは、どちらかといえば女の子のあそびで、男としたらふがいなかった。やがてお国のために戦う兵隊さんになるのだから、という意気ごみをこめて、路地裏の子どもたちの魅力を独占したのは「艦長あそび」である。別名を「水雷艦長」ともいった。

子どもたちは、まず二手にわかれる。一人ずつの艦長をえらぶ。ツバのある学帽をふつうにまっすぐかぶったのが艦長、または本艦で、ツバを横にしたのが駆逐《くちく》、うしろ向きにかぶったのが水雷だ。水雷は艦長をつかまえることができるが、駆逐は艦長に負け、その駆逐が水雷に勝つというルールで、駆逐、水雷は何人いてもかまわないが、多ければ多いほど、迫力とスリルがある。一度敵につかまえられたら負けで、帽子をぶん取られて捕虜だった。子どもたちは二手にわかれて、「カイセン・ドン」のかけ声を合図に、どぶ板をふんで、軒のかさなりあったせまい路地やらぬけ裏を走りまわる。艦長が敵の駆逐をつぎつぎと沈めれば、味方の水雷は思うぞんぶんあばれまわって、敵陣地の奥ふかく艦長を追いまわすことができるわけである。

あそびといえども、男子として生まれてきた以上、日頃から「大和魂《やまとだましい》」をきたえ、女たちが防空・防火演習で国の守りにつくのだとすれば、勇敢に敵陣地へ攻めよせていって、その息の根を止めてこなくてはならないのだ。一人残さず撃滅しないかぎり、敵はかならずやってくる。しかし、艦長あそびできたえた「大和魂」が、まだ兵隊にならぬうちにやられてしまっては、元も子もないので、母やとなりのおばさんたちを中心にしておこなわれていた防空・防火訓練は、やがて街角から学校へとうつって、まもなく、教室でも毎度おこなわれるようになった。

今度は、こちらが主役だったから、もう見学者はどこにもいない。

「では、緊急防禦訓練をはじめる!」

先生が、首からさげていた呼子笛《よびこぶえ》をピーッとかん高くならし「空襲警報、敵機来襲」とさけんだとたんに、私たちはいすからすとんと尻をずらし、机の下にともぐりこむ。

まず手近な物陰にかくれることが、第一。近くに退避壕《たいひごう》があればよいが、ない場合でも、できるかぎり地平よりひくいくぼみか、かんたんにくずれることのない物体の下に、頭部をさげて飛びこむこと――とは事前の先生の指導だった。

ついで、またピーッと二回目の笛がなる。

「至近弾《しきんだん》落下！」

カタツムリ状に小さくまるめた身体を、さらに縮め、上体を深く前にたおし、爆発の衝撃に耐えるために、両手を顔の前にひろげ、親指でかたく耳をふさぎ、のこる指で両眼をしっかりおさえる。これは、はげしい爆風で、鼓膜《こまく》が裂け、眼球がとび出すのをふせぐためだ。ついで、口と鼻、身体中のありとあらゆる穴をみなひろげて、爆風がその穴をつうじて体内へ出るようにしてやることだ、と先生はもっともらしく説明した。どうやら、爆風というものは、口からはいるらしい。一瞬にして眼球がとび出すこともあるというのだから、さぞかし、すさまじいエネルギーなのだろう。

それならば、と私は思う。鼻も口もしかと閉ざしていたなら、爆風のはいるところはなくなるではないか。

「先生」

だれかが、練習中にたずねた。

「あの、爆風は、口からはいるとすると、どこから出るんですか？」

「抜ける穴は尻に決っておる。尻の穴も同時に開くんだ」

先生は、当然のことのように答えた。

尻の穴は、どうやって開くのだろうと私は疑問に思い、すくなからずあわてた。爆風でないものが出てしまうのではないかしらん。かなり悲壮な気持で悩んだものだが、だれも笑う者などいなかった。尻の穴を開く努力にせいいっぱいのあまり、笑っているゆとりなどなかったのだ。それに喉《のど》ちんこをあげて口を全開にしているのだから、笑うことさえできない。今にして思えば、なんとも馬鹿ばかしい話だが、生きるか死ぬかという瞬間には、そうしなければならないかのように信じこまされ、また、信じるよりほかになかったのである。


大和魂でたたかえ！

軍艦マーチが、ラジオを通じて勇ましく鳴りひびき、大本営《だいほんえい》発表の〃大戦果〃にその都度《つど》胸をおどらせたのも、どうやら東京初空襲あたりまでだった。あとはまるで火が消えたみたいにさびしくなり、年が明けて一九四三(昭和一八)年をむかえたとたん、私たちの耳にとびこんできた最初の不安のタネは、日本軍のガダルカナル島からの「転進」だった。

ソロモン群島の拠点ガ島(戦後は〝餓島〟と書く人も登場した)は、アメリカ軍の上陸以来、敵の戦力をあまくみて、日本軍はつぎつぎと大兵力をガダルカナルに送りこんだが、その大半は海上で沈められ、かろうじてたどりついた部隊は、補給路を断ち切られ、骨と皮ばかりになって、ついに二月はじめ退却せざるをえなくなった。これを軍部は敗北ではなくて、「転進」と発表したのである。

もちろん私たちは、その実態を知るよしもなかったが、東京初空襲の大本営発表九機撃墜と同様に、それはへんだという声が、どこからともなく流れてきて、「転進」とは後退、敗退ではないか、と父が、またしても重々しい声でつぶやいた。

私は、その声を聞きのがさなかった。すでに大本営の発表は、東京初空襲から、ちょっぴり腑《ふ》に落ちぬものになっている。まさか、とはいわないけれど、転進また転進で、南方の兵隊さんたちがみな、一人残らず、本土まで引きさがってきたらどうなることか。その疑問に納得いくように答えてくれる情報がないから、父の不安を、頭から否定できないのだった。

つぎのニュースを待ちのぞんでいる矢先、さらにまた追いうちをかけるようにしてやってきたのは、山本五十六《やまもといそろく》連合艦隊司令長官の戦死だった。山本五十六といったら、日本中だれ一人知らぬ者はいない。その名をきいただけで、道ばたの野良犬だって姿勢を正すかと思えるほどの存在で、いわば日本海軍のキラ星だったのである。山本司令長官は「四月上旬前線ニオイテ全般作戦指導中敵ト交戦、飛行機上ニテ壮烈ナル戦死ヲ遂ゲタリ」と発表されたが、海の巨星ついに落つ――そんな感じで、私はもちろんのこと、学校中が粛然となった。

朝礼で全員黙禱《もくとう》のあと、壇上にのぼった男子級長総代が、右手の甲で涙をぶるんと振りはらいながら、少国民の決意文を読みあげたのを、忘れることができない。「昭和の東郷《とうごう》(平八郎)とまでいわれ、全国民にしたわれた閣下の戦死は、断腸《だんちょう》の思いとしかいいようがありません。憎んでも憎んであまりあるのは、敵鬼畜米英です。でも、米英よ、よく聞け。連合艦隊司令長官には古賀峯一《こがみねいち》大将が、すでになられたぞ。見ておれ。おまえたちは、一人残らず地獄の底に落ちていく日が、きっとくる！　その日のためにこそ、ぼくたち少国民は、閣下のあとにつづいて、一日も早く、強いりっぱな軍人にならなくてはならないのです。ぼくたちの手で、この弔《とむら》い合戦の火ぶたを切ることを、心から閣下にお誓いします」

この日から、米英の二文字には、かならずケモノ偏《へん》をつけることになった。人間でなくて「鬼畜」なのだから、猍獚と書け、わかったか、と先生は自分から黒板に、その新文字を大書してみせた。

なぜ「鬼畜」かというと、日本は万世一系の現人神《あらひとがみ》をいただく神の国であり、現人神＝天皇陛下は、見かけは人間と変りないが神様が心の中に宿っていらっしゃるのだから、天皇陛下の声はすなわち天の声、天の命令でおこなう戦争を「聖戦」という。大東亜共栄圏を解放するまことのたたかいである。したがって、天皇国日本に、はむかってくる者は、鬼か牛みたいなもの。ケモノ偏をつけるにふさわしい、というのである。

「おまえたち、神風を知っておるか？」

先生は、一息いれたあと、姿勢を正して一オクターブ声を高めた。

「弘安《こうあん》四年夏のこと、蒙古《もうこ》の大軍がわが国を侵略しようと攻めよせてきたとき、突如、神風が猛然と吹き荒れて、敵艦隊を海のもくずにした。天上の神々は、神のみすえの、起立！」

一同ぱっといすから腰をあげて、直立不動《ちょくりつふどう》となる。

「神のみすえの天皇陛下を、休め！　見放すはずがないのだ。鬼畜どもが、いま最良の臣民である山本元帥を奪い、さらに勢いを得て北上し、九十九里浜沿岸まで接近することがあったにしても、おまえたち、少しも心配することはないぞ。神風がついておる。いいか、わかったか」

先生は神風を強調し、くりかえし念を押した。先生が本気でそう信じていたのかどうかは知らないが、私たちは、先生の確信に満ちた声に感動した。級友の一人は、涙にむせぶ声でさけんだ。

「先生、ぼくたち一人ひとりは、きっと神風になります。神風になって、山本元帥の仇討ちを……」

「ようし、その意気だ。その意気で突っ込め！」

拳をにぎりしめた先生は、空手の突きの姿勢で、さっとばかりに空を切って見せた。

神風が吹くのを待っていればいいのかと思ったら、だんだん話がちがってきて、その神風にならなければいけないらしい。よび水がないと、ほんものの神風は吹いてくれないのか。陛下の最良の臣民たる山本長官機が敵機と交戦したとき、どうして神風は吹いてくれなかったのか。いや、天上の神々も、神風に安心されてもらっては困る、ということなのだろう。ぎりぎりまでは「大和魂《やまとだましい》」でたたかえ。先生の真意は、そのへんにあるように受けとれた。

乾布《かんぷ》まさつと天突《てんつ》き体操とが、はじまった。これまで週のはじめ月曜日の朝だけだったものが、毎朝となったのである。

それに毎月八日の行事が加わった。八日というのは、一二月八日の開戦記念日のことで、これを「大詔奉戴日《たいしょうほうたいび》」(天皇が戦争開始を国民に告げた日)といい、服装を正して一時間も早めに登校する。点呼のあと、全生徒は教師に引率され、向島百花園《ひゃっかえん》に近い白鬚《しらひげ》神社へ向う。参拝のあと、宮城遙拝《きゅうじょうようはい》。「宮城ニ対シタテマツリ最敬礼ェッ」、みないっせいに九〇度に頭を下げ、ついで「私タチハ忠良ナル臣民タランコトヲ誓イタテマツル」と一同奉唱。さらにまた「靖国ノ英霊ニ対シタテマツリ黙禱《もくとう》ッ」で、タテマツルが三回つづくことになる。この間に、しわぶき一つでもおこそうものなら、それこそ往復ビンタだ。

すでに敵性語は廃止され、野球のストライク、ボールでさえも、「いい球」「だめ球」になり、鉛筆の硬度符号のHBが「中庸《ちゅうよう》」となり、Bが「一軟」2Bが「二軟」Hは「一硬」2Hは「二硬」で、どの鉛筆にも「米英撃滅」の金文字が刷りこまれた。まず少国民の鉛筆から先に、敵国の文字はすべて〝撃滅〟されたのだ。音楽の時間のドレミファもまた敵性語ときめつけられて、ある日、突然にハニホヘトイロハに変る。これで、たまにある和音の勉強も、ホトハ、ヘイハ、ニトロなど、なんともぎこちないものになる。かの有名な「蝶々《ちょうちょう》」の曲は、これでいくと、〽トホホ、ヘニニ、ハニホヘトトト……となり、聞いているほうがおかしくてならなかったが、まだこれくらいは序の口で、やがて軍隊式の教科が、大はばに授業の中にズカズカと割りこんでくることになる。

乾布まさつにつづく天突き体操でも、毎朝ともなればけっして楽なことではなかったが、体育や教練の時間ばかりがやたらに増えてくるのは、虚弱体質で人一倍内気な私にしてみれば、まるで泣きたいような毎日だった。

教科の中には、あたらしく武道もくわわった。男子が剣道着をつけて、講堂いっぱいに竹刀《しない》をふって、ヤアヤアオウとやれば、女子は運動場でエイエイトウと、かけ声かけてなぎなたをふるう。ほかに短棒投げ、立ちはば跳び、けんすいに、腕立てふせに、ときに騎馬戦や棒たおしだ。棒たおしでは、守備隊は棒の下に腕を差しいれてかかえこむくらいのファイトでやるべし、と先生はいう。棒が地についたときが負けだから、腕一本でもはさまっていれば、負けにはならない。そのかわり、骨が折れることもないとはいえないわけで、腕がぶらんぶらんになってしまったら、どうしたらよいのだろう。

しかし、そんな弱音《よわね》は、まちがってもロにすることはできなかった。

「この臆病者《おくびょうもの》め、そんなことでこの戦争に勝てると思うか！」

と、またまた往復ビンタがとぶことは、確実だったからである。

本屋の店先にならぶ『少年倶楽部《くらぶ》』は、見るたびにページが薄くなって、まるでわら半紙を綴《と》じたみたいな粗末なものになってきていたが、そこには「愛国の熱血少年よ来《きた》れ！」の大見出しのあと、陸軍少年兵は、今年から一年早まって満一四歳から志願できるようになった、と書いてある。少年飛行兵が満一四歳から一九歳までで、少年戦車兵、通信兵、砲兵、防空兵が満一四歳から一八歳まで、少年兵技兵が、やはり満一四歳から二〇歳までで、願書締切日まで明記してあるのを見れば、一四歳が人生の別れ道のような重い意味のふくまれていることが、いやでもわかる。それまで、あと三年ちょっとだ。でも私は、正直のところ、神風をよぶ人間にはなれそうもないな、と思った。

神風とは要するに、神のみすえの天皇陛下と、神の国を守る兵隊のことなのだろう。四大節のたびごとに、校長先生がうやうやしく奉読する教育勅語にだって「一旦緩急《いったんかんきゅう》アレハ義勇公《こう》ニ奉シ」という一行がある。まさかという時がきたなら、義勇公に、つまり天皇と国のために命をささげろ、ということだ。それが日の丸教育の基本精神なのだった。

そして、まさかの非常時が今なのだ。男なら、みな兵隊になって、敵を一人でも多くたおさなければならないくらいのことは、百も承知の上なのだが、ツベルクリン反応の注射でも貧血をおこすほどの小心者の私には、とても敵を殺すのなんか無理だった。殺すよりも先に、きっと、こちらが殺されている！　いつか新聞で東京初空襲の捕虜の写真を見たが、黒布で目かくしされて連行されてくる皮ジャンパー姿の敵兵は、その両側に立つ日本兵が子どもに見えるばかりの巨人だった。身長・体重ともに、私の三、四倍はありそうだった。この大男を殺そうなんて突進していったなら、たちまち、ひねりつぶされるのがオチだろう。

しかし、相手は人間の皮こそかぶっていても「鬼畜」なのだから、殺さない以上、こちらが殺されるのはたしかなのだ。現にその大男たちは、B25の機銃で、国民学校の児童を射殺している。したがって、捕虜となった彼らには「暴虐処分」の運命が待ち受けているわけだが、そうすると、殺《や》るか殺られるかの道は一つきり。思っただけでもはげしい動悸《どうき》が胸をうち、目の前が暗くなってくるのをどうすることもできなかった。

はく製になった猛獣たち

山本元帥戦死の悲憤さめやらぬうちに雪ふかい北方アリューシャン列島のアッツ島の日本軍が玉砕、これにひきつづき、ソロモン群島とニューギニア方面で、一歩一歩とわが軍は押しかえされ、一方中部太平洋方面でも、ギルバート諸島のマキン、タラワ両島が落ちて、景気いいニュースが一つもないまま一九四四(昭和一九)年をむかえた。

新年幕明けの元旦の新聞『読売報知』は、「決勝の年」の大見出しを掲げ、「造れ、送れ、撃て！」と号令みたいな活字をならべていたが、その社会面の片隅に、またしても私の目はすいついた。

これも一枚の写真である。一見したところ、まことに不思議な写真だった。二つの目をむきだし、するどい牙《きば》をのぞかせたライオンに、モンペ姿の女の子が抱きついて笑っているのだ。ライオンの横には、チンパンジーをひざの上に乗せた坊主刈《ぼうずが》りの少年もいる。

「獅子《しし》君帰還、上野の春へはく製部隊」

黒々とした見出しのあと、記事はつぎのように出ていた。
☆…ヤア、みなさんおめでとう、自分はしばらくご無沙汰《ぶさた》していた上野動物園の獅子であります、ことしからまたこの通り元気に生まれ変ってきたであります、自分たちはもし空襲下にご迷惑をかけてはいかんと去年の秋みんなそろって命を捨ててお国のお役にたったでありますが、はく製として元旦早々から動物園にかえってきたでありOます

☆…自分たちのために南方室と、北方室をつくっていただいて、自分と虎君、豹《ひょう》君、チンパンジー君、野牛君などは南方室に、北方室の方には白熊君たちがはく製でがんばってるであります

☆…ヨイコのみなさん、体はお国に捧げても生きてたときのまんまに元気な姿でありますす、米英に勝つまでは自分たちがみなさんのお相手であります、可愛いお嬢さんが自分をだいてくれたでありますが、ウォーッと一声咆《ほ》えてご挨拶できないのが残念であります、チンパンジー君など自分のそばで坊ちゃんにだかれながら、実は「ことしは自分の年だぞ」といいたくて仕方がないんであります

時節柄「であります」調の兵隊ことばで書かれた記事を読みおえたとき、さまざまな感情がごっちゃまぜになって、私の胸に突きあげてきた。「かわいそう……」思わず、目をふさぎたくなった。

動物たちは、自分から「命を捨て」たのではない。殺されたのだ。動物と人間は、決して殺《や》るか殺られるかの戦争をしているわけではないのに、人間のまきぞえを食って、動物たちは殺されたのだ。たとえ空襲になったからといって、チンパンジーが、人間にどんな危害をくわえるというのだろう。しかも、その殺した動物たちを、花でもたっぷりそえて

地下にほうむるならともかく、はく製にして見せものにするなんて！　ライオンにしがみついて笑っている女の子だって、ほんとうのところ、薄気味《うすきみ》悪くてしかたなかったにちがいない。

動物たちが、もし人間の言葉を使えたとしたら、このうらみつらみは忘れないぞと、あの世でウォーウォー咆えつづけるように、私には思えた。この印象は、子ども心にもよほど強烈だったらしく、私は今でも、写真の少女が羽子板《はごいた》を右手に、左手をまわしてライオンの首に抱きつき、ひょいと片足あげて飛びついた格好をしていたのを、鮮明に思い出すことができる。

東京上野動物園の猛獣たちが、「動物園非常処置要綱」によって殺されることになったのは、前年(昭和一八年)の夏から秋にかけてのことで、「重大ナル現下ノ時局ニアリテハ、イカナル変災発生スルヤモ計《はか》リ難《がた》キヲモッテ、万一ノ場合ニ備エ、危急ニ応ジ誤リナキ処置ヲ期スベク……」とある。誤りなき処置とは、空襲下の混乱に檻《おり》から逃げ出したりしては大変だから、二度と動くことのないように殺害せよ、という命令である。

八月一六日、東京都の公園課長から、この命令を受けた上野動物園園長代理の福田三郎さんは、あらかじめ予想はしていたものの、ついにきたと深刻に悩んだ。殺害の方法は毒殺で、それも一カ月以内にということである。銃殺がもっとも手っとりばやく、猛獣たちにも苦痛をあたえないですむのだが、銃撃音が園外にもれて人びとを不安にさせてはならない、と禁じられた。「戦局が悪化したわけではないが、万一にそなえて……」と、公園課長は苦しい説明をした。

動物の飼育係にとって、その動物を殺さねばならないことは、自分の手足をもぎとられるほどの悲痛な思いである。しかし、至上命令とあっては、したがわないわけにはいかなかった。

それで、命令を受けた翌八月一七日から、九月二三日までの期間に、ライオン、クマ、トラ、ニシキヘビなど猛獣類を中心に二七頭が、つぎつぎと殺されることになるが、毒殺とはいうものの、動物たちは容易に毒物を口にしなかったり、薬の量をちがえたりで、うまくいかない。やむをえず、他のいろいろな方法で殺さなければならなかった。この間の事情は福田三郎さんの著書『実録・上野動物園』にくわしい。

福田さんはまた、克明に書きこんだ秘蔵の日誌を保存されていて、四年ほど前NHKカメラ・リポート「動物園の死んだ日」の取材に訪問したリポーターの私に、特別に見せてくださった。大正一一年から三〇年間もつづられた何冊かの記録には、福田さんの動物たちへよせる愛情がキメこまかくにじみ出ており、また動物園の歴史が脈うっているのだが、私はすぐ問題の八月のページを開き、その文字に吸いつけられた。

「八月一七日、ジョン(象)今日から絶食」

と、書いてある。

当時、上野動物園には、ジョン、花子、トンキーの三頭のゾウがいたが、これらのゾウたちが、青酸カリ入りのジャガイモをあたえても投げかえし、注射器で毒を注入しようにも針が折れてはたせず、絶食で殺したことは、一般によく知られている。ジョンは「絶食一七日目に左側横臥、肛門開口、瞳孔《どうこう》散大で絶命」したが、トンキーは餌をほしがって、空腹の身を起し、前足を上げてチンチンの格好をしてみせ、ゾウ係のおじさんもたまらなくなってつい餌や水をやってしまい、一ヵ月近く生きて、九月二三日に餓死した。殺された動物たちは、世間の目をさけて、明け方のうちに荷車で陸軍獣医学校へ運びこまれ、解剖された。ゾウの皮は、そのあと陸軍被《ひ》服本廠《ふくほんしょう》に贈られた。兵隊さんたちのはく靴底かなにかに使われたのだろう。

ニホングマは、三日間絶食させたが、少しもききめがないので、寝ているところを首にロープを巻きつけて、何人かでひっぱって窒息死させた。ニシキヘビは、これまた頭に細紐を巻きつけ、鉄の柵まできたのを、解剖刀で首のつけ根を切断し、それでもドジョウみたいにくねくねと動くので、心臓をえぐって殺した。

よほどつらかったのだろう。福田さんは一ヵ月のあいだに八キロもやせた。重苦しい歴史の証言ともいうべき福田さんの日誌には、動物たちが死んでいったところだけが、赤ペンで書かれている。その朱文字が、浮きあがって、目の中に食いこんでくるのだ。私は、朱文字を追いかけながら、福田さんに質問せずにはいられない。

「少年時代に見た新聞で、記憶があるのですが、たしか、殺されてからはく製になって、また動物園の檻にかえってきたライオンがいましたね」

「アリーとカテリーナです」

「つがいですか?」

「ええ、あれはエチオピヤ皇帝からの贈り物でした。とても利口なライオンでした。昭和六年に上野にきたのですが、現地を発つときには儀じょう兵に送られたというだけあって、みるからに筋肉質で、動作も敏しょうで、私ども、これが本当のライオンだと見とれたものです。ライオン夫妻は、それから一〇年ほど平穏無事の日を送ったのですが、危険動物と指定されては、しかたありません。毒を与え弱ったところを、槍で……心臓を突いて……。か、かわいそうなことを……」

すでに八〇歳を超えた福田さんは、少年のように声をふるわせ、唇をひきつらせ、その目からあふれた涙が、とめどなく頬をつたわって落ちるのだった。カテリーナの最期《さいご》を、『実録・上野動物園』からしのんで見よう。

一六日絶食、一七日半減、一八日半減、一九日からの連日絶食の後、八月二二日午後六時五分硝スト三グラムをウマの肉に入れてあたえる。にがいのかすぐ吐き出す。

殺された動物たちの墓

さらに一二グラムを分与したが、全然食べず。全量の半分は肉とともにのみこんだと思われる頃、四〇分に、第一回筋肉強直収縮の発作《ほっさ》がおこり、四二分転倒、四肢をふるわせて苦悶《くもん》、四五分ふたたび発作三分間の後、起き上がる反射機能なく興奮する。五八分、第二回強直発作あり、呼吸促進転倒、

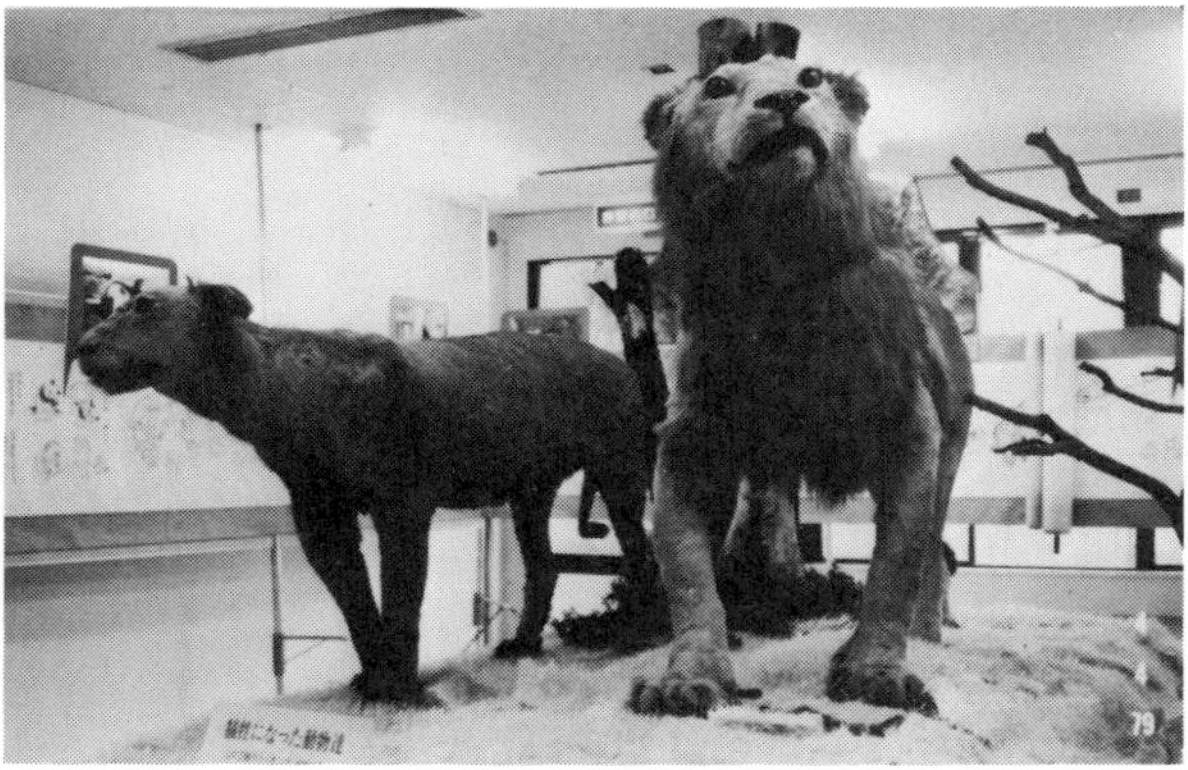

はく製になったライオン夫妻

けいれん発作、苦悶甚だしかったので、七時三三分、心臓部を槍で刺す。三五分第二回穿刺《せんし》、四〇分反射機能停止、麻痺《まひ》をおこし始め刺激に応ぜず、末梢神経《まつしょうしんけい》麻痺、四二分瞳孔散大、呼吸停止、絶命する。所要時間一時間三七分。

　殺されていった猛獣たちは「時局捨身動物」と戒名《かいみょう》がつけられ、その大半が皮だけはがされて残されたが、はく製にされたのはライオンをふくむわずか数頭にしか過ぎなかった。そのライオン夫妻が、いまも上野動物園に保存されているはず、という福田さんの言葉をたよりに、私はＮＨＫのカメラマンとともに、同園西のはずれのはく製保管室へと足をむけた。案内してくださったのは、戦時中から飼育係をしていたという中江川さんである。

中江川さんの手が、保管室の扉の鍵をガチャリとはずす。にぶい音をきしませて、扉がひらくと、中は薄暗かった。やがて私の目に、たくさんのめずらしい動物たちが、頭をならべ、ひっそりと息を殺しているのが見えてきた。

ライオン夫妻は、いた。骨と皮ばかりにやせ細って、たてがみをボロわかめのように垂らしたアリーの横に、ひとまわり小柄なカテリーナが。戦時中とあって、はく製にする技術も用具も不足していたのか、ほとんど毛も落ちてしまって、シミだらけ。しかし二つの目をらんらんと光らせ、鋭い牙をむきだし、いまにもつかみかかってきそうに思えるばかりのすさまじさは、人間たちへの怨念《おんねん》のこもった表情としか、いいようがなかった。私は不気味な戦慄を感じ、思わず一歩後じさりした。

「三〇年たとうが、五〇年たとうが、いや、死んでしまったその後までも、私は、二七頭の〝あいつたち〟のことは忘れませんよ、ええ、絶対に！」

声をふるわせながらそういいきった福田三郎さんのおもかげが、氏の亡《な》きあとも、私のまぶたのうらに焼きついてしまったままでいる。

なお、この春上野動物園にオープンした動物園ホールに、はく製のライオンが装いあらたによみがえり、一般に公開されたのは、喜ばしいことである。ライオン夫妻のうつろなその目は、あのいまわしい悲劇は二度とくりかえすまい、と人びとに訴えつづけることだろう。

第三章　学童勤労報国隊

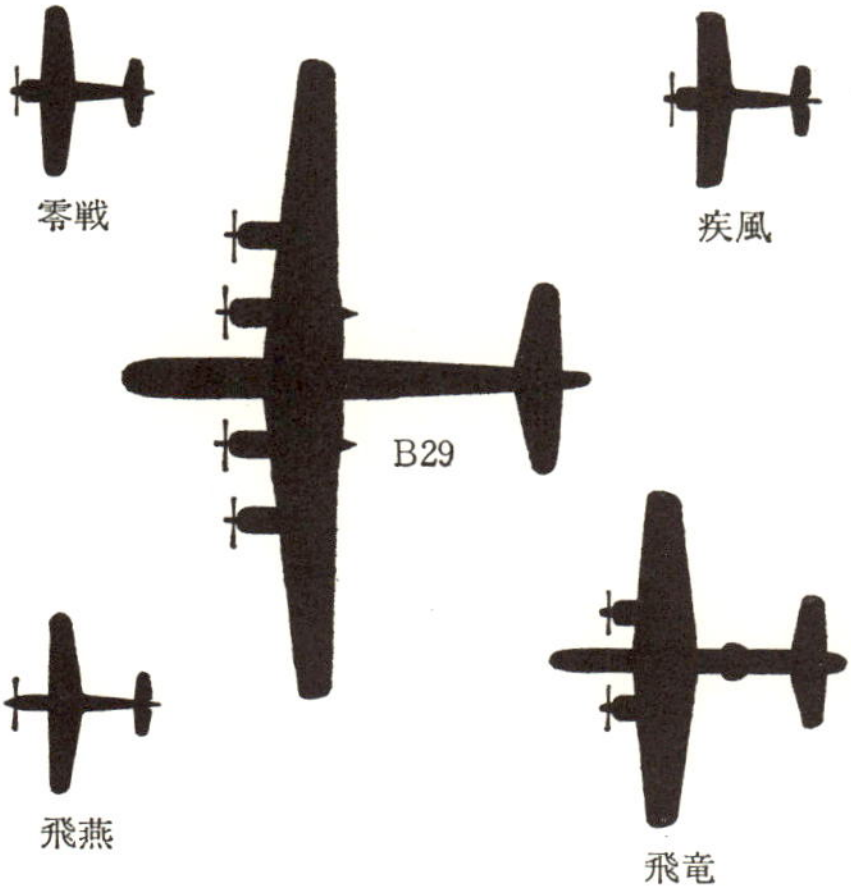

	全幅(m)	全長(m)
ボーイングB29	43.1	30.1
四式重爆撃機〝飛竜〟(陸軍)	22.5	18.7
三式戦闘機〝飛燕〟(陸軍)	12.0	9.15
零式艦上戦闘機（海軍）	11.0	9.23
四式戦闘機〝疾風〟(陸軍)	11.24	9.9

大きかった“超空の要塞” B 29 アメリカ軍爆撃機と日本機とのシルエットによる比較

ライオン夫妻がはく製になって、上野動物園にかえってきてからすぐ春がきて、一九四四(昭和一九)年三月、私は国民学校初等科を卒業した。四月から入学した高等科は、こんにちでいうところの中学(ただし当時は二年制)だが、

サイパン島が敵の手に

さらに軍国調が強まって、授業はといえば体育と教練ばかり。そこに竹ヤリ訓練までくわわって、ミニ軍隊と同じになった。空中転回に飛行とび、鉄棒は大車輪と、緊張のしっぱなしで、こわいものだらけである。

朝起きたとたんから、その緊張がはじまる。通学も集団登校だ。小隊長(班長)の指揮のもと、正門が近づいてくると「歩調トレ!」の号令がかかって、歩幅七五センチで地を蹴って行進し、正門前の週番生徒に「カシラァ右!」で、首を四〇度回転させて挙手《きょしゅ》の礼。ついで正門を一歩くぐったとたんに、「天皇、皇后両陛下ニ対シタテマツリ最敬礼!」となる。

別にそこに天皇、皇后両陛下がいらっしゃるわけではないが、二人ならんだところの写真と、その天皇の言葉の数々が、巻物になってうやうやしく保管してある場所=奉安殿《ほうあんでん》があった。奉安殿は観音開きの鉄製扉で、小型ながら、耐震耐火の鉄筋コンクリート製であ

り、校舎のほうは木造でも、ここだけは絶対安全なようにできていた。天皇、皇后両陛下の写真を「御真影《ごしんえい》」といい、その言葉を「勅語」という。たとえば、「教育ニ関スル勅語」「青少年学徒ニ賜ハリタル勅語」「戊申《ぼしん》詔書」などである。菊の紋章のさん然と輝く奉安殿にむかっては、登校下校のたびごとに、九〇度近い最敬礼だ。もしも、これを欠かしたり、忘れたりしようものなら、両頬にまたまた先生の手型がつくのは必至だろう。

カラスの鳴かない日はあっても、ビンタの飛ばぬ日はなかった。

先生たちは、「聖戦完遂」の教育とは、要するに生徒をなぐることであり、子どもはなぐればなぐるほど強くなるもの、とでも信じていたのかもしれない。事実、戦局が日増しに緊迫の度をくわえていることは、だれの目にもあきらかだった。

すでに年が明けてから、マーシャル群島のクエゼリン、ルオット両島の日本軍守備隊が玉砕。昨年からひきつづいて、玉砕、玉砕の暗いニュースが連続して続き、路地裏から勇ましく出征していった若者たち父親たちが、ぞくぞくと〝英霊〟になって、小さな骨をカタコトいわせながら四角い箱の中におさまってかえってきた。五月にはいると、とたんに古賀峯一連合艦隊司令長官の訃報《ふほう》がやってきた。山本長官をうしない、「弔《とむら》い合戦の火ぶたを切ることを」誓ってから、まだ一年にもならないうちに、その長官の後任をも、敵の手に奪われたのである。

私をふくめ、学校中の級友たちは、暗たんとした沈痛な気持に落ちこんだ。

そこへ突如、警戒警報のサイレンが、不気味に鳴りひびいたのである。六月一五日午後のことである。

敵機の空襲といえば、真珠湾攻撃から半年ほどして、ノースアメリカンB25の奇襲爆撃に不意討ちをくったものだったが、あれから二年余、わが軍の守りが強くて敵をよせつけなかったのではなくて、その間に、敵は態勢をととのえ、一歩一歩と強力な足場をかためていたのだった。二年ぶりのサイレンは、三日三晩つづいても解除にならなかったが、ラジオの情報によれば、敵機動部隊が南方洋上に接近中で、厳重なる警戒を要す、という。

この機動部隊こそ、サイパン島に強行上陸した六万余の米最精強部隊だった。ほとんど間《かん》髪《はつ》をいれることなく、中国奥地の成都《せいと》に基地をかまえたアメリカの超重爆撃機ボーイングB29の大編隊が、東シナ海をひとまたぎに飛びこえて、北九州工業地帯にコンドルのような巨大な姿を現わした。〃超空の要塞《ようさい》〃B29は翼をつらねて、八幡製鉄所、長崎造船所をねらいうちした。これがB29の、最初の日本本土爆撃である。

B29は爆撃を終えれば、きびすを返して去っていったが、サイパン島に上陸を決行した敵は二度としりぞくことはなかった。

サイパン島は、東京をへだたること二二五〇キロ、日本本土防衛最大の要所で、もし、ここが敵の手にわたり強力な航空基地が作られれば、本土まではほんの一足《いっそく》とびの距離にある。中国の成都からでは、北九州までくるのがやっとのB29も、サイパン島からなら、ゆうゆうと東京をはじめ、日本の各都市すべてを爆撃圏内におくことができるという。

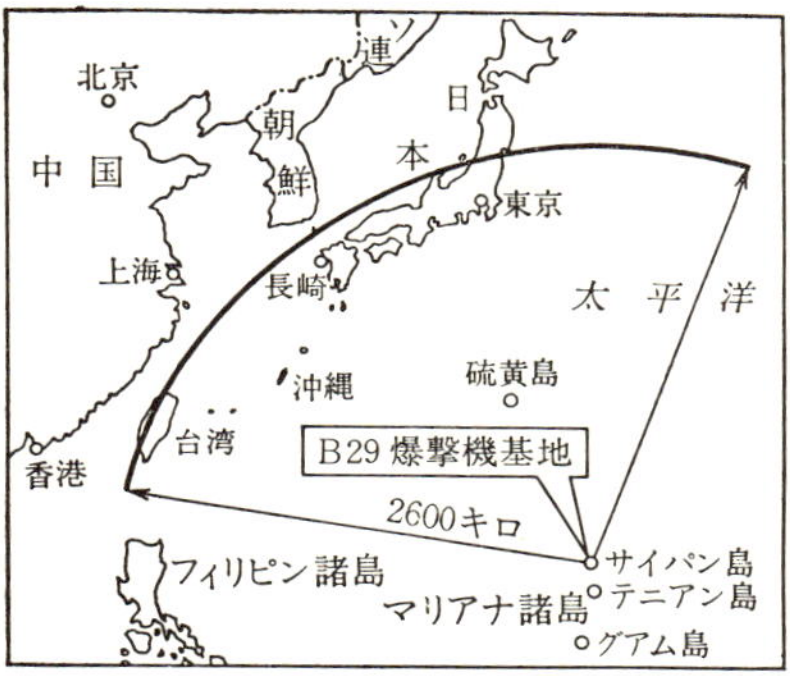

サイパン島が陥落してB29による日本への爆撃が可能になった(昭和19年7月)

来た、ついに！

まるで、そういわんばかりに、警戒警報のサイレンは、休みなしに気味悪くなりつづけた。常時管制といって、明りはいつも外にもれることがないように決められ、深夜でもすぐ待避できるように、防空頭巾や救急袋、貴重品などを枕もとに用意した。

敵機にそなえて、各隣組ごとに一立方メートル以上の大貯水槽が用意され、防空監視所がもうけられて、防護監視員と、連絡・防火にあたる防空従事者が決められ、各家一ヵ所ずつの防空壕をつくることが義務づけられた。すぐ外へ出やすい床下の地下か、屋外の地下を利用して、深さ一二〇センチ、はば約七〇センチ、五人から一〇人くらいまで収容できるのが、基本的構造とされた。

私の家では、階下の土間に隣家の祖父母と共有の防空壕をつくったが、コードをのばして豆電球をともすと、秘密のかくれ家にでもはいったみたいな気がして、トム・ソーヤの冒険物語を思い出しながら、私はこっそりと非常食の一部をネズミみたいにかじって、うれしくてならなかった。

それから半年後、豆電球のついた防空壕は祖父母の家ごと燃えつきて、廃墟《はいきょ》と化してしまうのだが、すでにそのことを多少とも予期していたのか、父母の表情は、私の興奮とは逆に暗かった。

その父母の顔色が、さらに重苦しく沈んだのは、七月七日、サイパン島がついに敵手に落ちたときである。

東条英機《とうじょうひでき》首相は、ただちに談話を発表し、「決戦の時来れり、戦いはこれから、一億決死覚悟せよ」とさけび、「而《しか》して今こそ敵を撃滅して勝を決する絶好の機会である」といったが、それからわずか一〇日後に総辞職して、横丁のかみさんたちは「トウトウフデキ」と、

ボーイング B 29 爆撃機

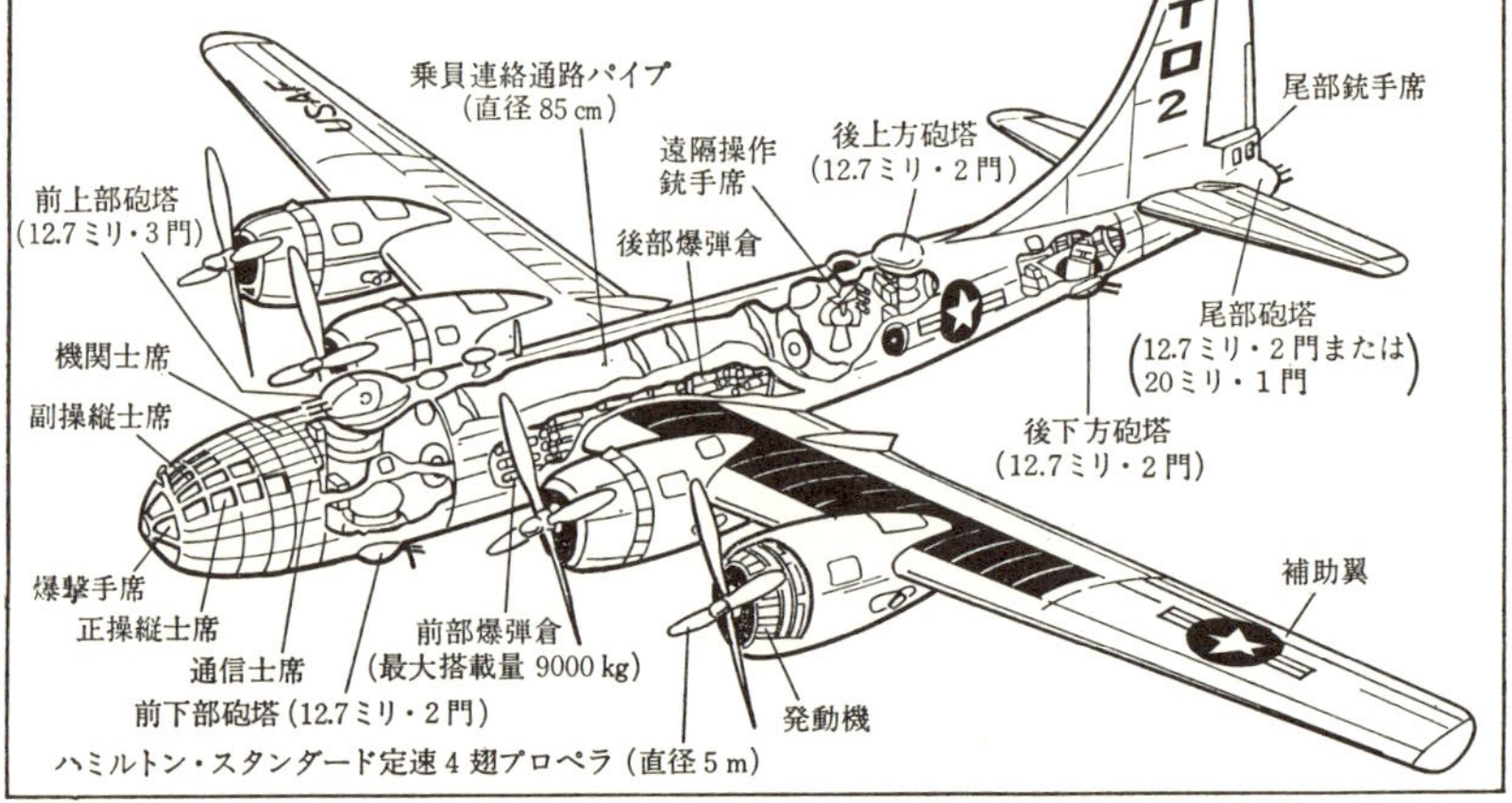

B 29 の性能　型式：中翼単葉 4 発，三車輪式．機体：全幅 43メートル，全長 30 メートル．発動機：ライトサイクロンR-3350 系統，18 気筒，二重星型エンジン空冷 2130 馬力 4 個．全備重量：42〜46 トン．最大速度：600 キロ．巡航速度：450 キロ．実用上昇限度：12500 メートル．航続距離(カッコ内は行動半径)：爆弾 1トン積約 7000 キロ(3000)， 2 トン積約 6500 キロ(2700)， 3 トン積約 6000 キロ(2500)， 4 トン積約 5500 キロ(2200)．

そのうっぷんを小声でもらした。絶好の機会ならなにも辞職する理由はなさそうだが、これで日本の勝利はいよいよ遠のいて見え、八月にはいったとたんに、今度はグアム島の日本軍が玉砕。グアム、サイパン、テニアンと三つの島からなるサイパン・マリアナ諸島は、これで完全に敵のものになった。

同諸島のそれぞれの日本軍の滑走路が、B29の前線基地に変貌することはあきらかで、B29が頭上にやってくるのは、もはや時間の問題になったわけである。

学童疎開と勤労動員

八月、あつい夏休みのあいだに、学童疎開《がくどうそかい》がはじまった。

空襲近しということで、国民学校初等科三年生から六年生までの児童は、縁故先のある者は縁者をたより、そうでない者は学校単位で先生につきそわれ、遠い山奥の旅館や寺院に疎開しなければならなくなった。上野駅は、連日のように出発する児童たちであふれた。なかには遠足にでもいくようなつもりの子どももいるが、送るほうはみな泣いている、と教えてくれたのは母である。

それを聞いて、私は、ほっと胸をなでおろしたものだ。昭和七年生まれの私は、ほんとうならば疎開組の児童なのである。でも早生まれだったために、うまく疎開をまぬがれることができたのはもうけもの、防空壕の中でトム・ソーヤの冒険をたっぷり楽しもうと、心ひそかにほくそ笑んでいたものが、「去るも地獄残るも地獄」で、学徒動員に投入される羽目《はめ》になり、結局、東京大空襲のすべてを体験することになる。

学徒勤労動員が、突然に強化拡大されて、国民学校高等科の義務教育中の生徒にまでおよんできたのは、その年の九月だった。初等科の児童は、一、二年生の低学年をのぞいて、もういない。学童疎開でみな町から姿を消したのだ。残されたのは私たち高等科生徒だけで、それより上の中学校以上の学徒は、三月に「決戦非常措置要綱ニ基ク学徒動員実施要項」が閣議決定されると、年間を通じて動員体制がつくられ、戦時労働力のメンバーにくわわった。今までの学校は、それぞれ軍事用工場や倉庫、病院などに使われ、これまた国土防衛の一翼をはたすことになったのだが、戦局の急速な悪化のおりから九月以降、こんどは一二、一三歳の私たち〝少国民〟にまで、動員令がくだったのである。

こんにちの常識でいえば、わずか一二、一三歳の子どもたちまで工場にかり出すようになっては、戦争もおわりだという気がするが、当時そう思った教師や親は、どのくらいいたのだろう。

もちろん、私たちには、そんな考えの及ぶべくもなかった。この戦局を勝利にみちびくためには、一億国民が火の玉になって戦列に参加し、Z旗の下に奮起するほかにないと信じこんでいた。いや、信じこまされていたのだ。教育のおそろしさを痛感しないわけにはいかない。

私たちの〃戦列〃は、隅田川《すみだがわ》沿岸の工場地帯でも、きわだってばかでかい煙突とクレーンを宙に屹立《きつりつ》させて、迷彩色の溶解炉を心臓部にした久保田鉄工所隅田川工場だった。あらあらしい鉄工場のトロッコ押しが、「学童勤労報国隊」の一員である私の現場となったのである。

今ふりかえってみても、きびしい労働だったと思う。

トロッコには、銑鉄、古鋳鉄、スクラップなどの地金塊が満載されている。二人がかりでぐいぐいと押しあげていく軌道は、隅田川の流れと並行に進んでいて、二本のレールを吸いこむ急勾配《きゅうこうばい》の先には、金粉の火花を噴きあげる巨人のような溶解炉があった。その差入口まで地金塊を運ぶのだ。

運ぶといっても、トロッコの荷台にへばりついているのとおなじで、ただむやみやたらに寒くて、ひもじかった。厚手の防空頭巾から露出した頰はたちまちひび割れて血がにじみ、両手はみなひどい霜焼けで、グローブみたいにぶくぶくにふくれあがっていった。

それでも、歯をくいしばって、トロッコを押す。おなじ呼吸で、おなじ歩調で、鉄の荷台に両手をかけ、あるときには肩でささえて、一歩一歩踏みしめていく。突然だれかがやみくもにうたいだす。

花もつぼみの　若桜
五尺の命　ひっさげて
国の大事に　殉《じゅん》ずるは
われら学徒の　面目《めんぼく》ぞ
ああ紅《くれない》の　血は燃ゆる
………

動員学徒の歌だった。しかし学徒といっても、私たちは義務教育中の子どもなのだ。五尺(約一五〇センチ)の命もありはしない。それでも、せいいっぱいに背のびして、この歌を高らかにうたったのは、最初の一、二カ月のあいだくらいのものだったろう。作業中にふと思いだしたように歌うと、すぐさまどなられた。

「やめれ、歌なんか！　それだけハラ減るぞ！」

疲労は空腹をともなって、さらに倍加する。

両手は豆だらけだったが、「煮《に》て食えたらなあ」とだれかが溜息《ためいき》まじりにいっても、もう笑う者もいなかった。それほど、みな飢えていた。あのものすごい霜焼けも、なかなかなおらなかったおできも、鼻孔から流れる鼻汁も、ひどい栄養不足のせいとしか思えない。

昼になると、一般の労働者は豆かすだらけの給食にありつけたが、私たちにはなかった。「勤労報国隊」などと肩書きだけはやけに勇ましかったが、こちらはスクラップ置場の陰で、北風をよけながら持参の弁当をひらく。弁当は、どこかに置いておくと盗難にあうから、だれもが仕事中もしっかりと身につけていた。風呂敷につつんで腰にくくりつけたそれは、トロッコ押しでゆすられるせいか、ふたを開いてみると、イモと豆と少量のめしが、まるで切り取られたように弁当箱の隅にかたよってしまっていた。でも、まだ弁当箱を持てるのはいいほうなのである。

「おれのは、これだで」

ほこりまみれの鼻汁を舌のさきでべろりとなめ、腰のベルトにつるした布袋を取り出す者もいる。

炒《い》り豆だった。豆をぽりぽりかじって、しかたなしに水を飲むものだから、彼はいつもひどい下痢《げり》に悩まされていた。

ある日私は、ボイラー室の陰で、日本人労務係の、すさまじいリンチを見た。相手は朝鮮人徴用工《ちょうようこう》だった。ブシッ、ブシッと異様な音をたてて、鉄のチェーンが男の肩の肉に食いこむ。作業服は切れて露出したひふが、ざくろのようにはじけていた。倒れている男はまだ若い。一七、八歳くらいで、朝鮮から強制連行されてきた青少年の一人なのだろう。労務係は、こいつが給食をちょろまかそうとしたのだと、口ぎたなくののしったが、あまりのむごさに思わず目をそむけた。もしかりにそういうことがあったとしても、口でいえばわかる。鉄の凶器でめった打ちにしたら、相手は死んでしまう。

それに、と私は考える。この朝鮮人労務者をふくめ、私たちはみな一丸となって「鬼畜」米英を前にしてたたかっているのだ。味方同士なら、たがいに手をたずさえていくのが当然ではないか。……おそるおそる細めに開いた私の目に、どうしたわけか、倒れている男が二重に折り重なって見えた。

だれか、もう一人の草色の作業服が、血まみれ男の上におおいかぶさって、彼の身をかばい、何事か必死にわめきさけんでいる。さらにもう一人が続いて、倒れている男は三重になった。その友情のあつさに、私は圧倒される思いがした。

工場で、どぎつい鮮血を見たのは、それが最初のことだった。

ついで、おなじ学校からきた上級生が、スクラップを満載したトロッコにはさまれて、血にまみれた。どしゃ降りの雨天だった。トロッコをポイントに乗せて、ぐるりと向きを変えたとたんに、レールに後車輪をはさまれたトロがガクッと横転したのである。

友人の両肩に手をかけ、力まかせに引きぬこうとしたが、どうにもならなかった。スクラップを取りのぞき、やっとのこと引き出された彼の右足首はぱっくりと割れて、血が泡のようにふき出している。泡の中からひふを破って白く光る突起したものを見たとき、私はあやうくその場に、貧血を起しそうになった。

B29を見た

一一月一日は、登校日だった。動員がはじまってからというもの、毎日家と工場とを往復するだけの生活になっていたが、月はじめの一日だけは、小さな産業戦士の〝任務〟が解放されて、生徒にもどることになる。といっても、もちろん授業があるわけではなかった。

校長先生の時局演説と、動員学徒としての心がまえの再確認と、学校からの連絡事項をきいてくるくらいのものだ。

朝礼では、空襲時における心得について、校長先生からの特別の訓辞があり、恐れるべきは空襲によって直接こうむる被害よりも、国民の動揺のほうが問題だといい、いかなる事態にも「おそれず、あわてず、さわがず」秩序整然としてことにあたれと強調した。朝礼終了後みなは教室にはいり、担任の先生から小パンフレット『防空必勝の栞《しおり》』をもらう。防衛司令部参謀《さんぼう》、難波《なんば》三十四陸軍中佐の筆になるもので、「国民はすべて国土防衛の戦士」と力説したあとに、つぎのような文章が目についた。

わが国民は現在まで空襲の洗礼を受けた体験がないためいろいろとその惨害を想像し、一部の国民は今なお、空襲といえば直ちに恐怖し、動揺する者があると思うのであるが、その根本の原因は、被害の程度に対する正しき認識を持たない結果、いたずらに弾は命中するものであるとの前提の下に生命の危険、不安を感じ、無闇に死ぬるものなり、重傷を負うものなりと、勝手に独断していることと、第二には空襲による被害は弾そのものが固有する直接的被害すなわち実害と、間接的被害すなわちわが精神的被害とを区別せずに混同している結果であると思う。

爆弾とか、焼夷弾は決して全部、うまく命中するものではない。弾は目的物にはなかなか命中するものではないのであって、百発のうち一発、せいぜい五〇発のうち一発が、命中すれば上出来である。したがって実際の死傷者は、一回二〇機の空襲を受けて焼夷弾四〇〇〇発、または爆弾四〇〇発が投下せられたとしたならば、直撃弾そのものでは大体一〇〇人内外の死傷であって、誠に微々たるものであり、戦争をする以上、当然忍ぶべき犠牲である。

空襲をそんなに心配することはない、なぜかというに、爆弾、焼夷弾はかんたんに頭上には落ちないのだから——といいたいようである。防衛司令部参謀といえば、国土防衛の総指揮者だ。その難波参謀の見つもりによれば、敵機二〇機、焼夷弾四〇〇〇発または爆弾四〇〇発の一回分の空襲で、死傷者は約一〇〇人前後であるという。これをきっかり一〇〇人の死者とすれば、東京の人口は約七〇〇万人だから、東京中を皆殺しにするためには、七万回の空襲が必要ということになる。

いくらなんでも、それは無理だろう。

たとえば、一日に一回の空襲があったにしても、一年で三六五回だ。一〇年で三六五〇回、三〇年で約一万回、七万回なら、二一〇年間も空襲しつづけなければ、東京中を無人にすることはできない。そのあいだには、B29もガタガタになるし、焼夷弾もガソリンもタネ切れになるだろうし、第一いま戦争をしている人間は代がかわって、子どもになり孫の世代になっているはずだから、おたがいに根負けすることだろう。まず、心配はなさそうである。

しかし、一回の空襲でも、だれかが死んだり傷ついたりするわけだが、その「だれか」が問題で、もしも難波中佐がこの貧乏クジにあたったとしたら、「当然忍ぶべき犠牲」といって、笑って死んでいくのだろうか。

私は、首をかしげた。

なんだか、ちょっとへんだ。やっぱり、どこかがおかしい。

この疑問を、先生に直接むけてみたかったが、そのゆとりもなしに、ふいにB29が目の前に登場したのは、なんとも皮肉なことだった。

教室で先生から、一人一枚ずつの「少国民特配用」の焼芋券をもらい(あとで隣組の焼芋屋で一人一〇銭あて買うことができる)、そのあと必勝祈願のマラソンとなった。一同四列縦隊《じゅうたい》となって校門を出、防火用水槽の立ちならぶ改正道路をはしって、荒川放水路へ向う。

放水路の土手ぞいの河原には、学校の開墾地があった。ここまできて一休み。ついでにイナゴ取りでもしようということになり、一同草むらの中に踏みこんでいったときに、突然どこかでけたたましく半鐘《はんしょう》のなる音を耳にし、遠く近く、おりかさなってサイレンがうなり出したのをきいた。

「大変だ。空襲警報だ！」

私たちは、すぐきびすをかえした。

鉄カブトをかぶり、刺子《さしこ》のついた防火用外套をまとった警防団員が、とび口、火たたきを手に、一団となってやってきた。半鐘の乱打とサイレンのうなりと、どなり声とにまじって、かすかににぶい爆音。空をふりあおぐと、青天井を二分して、白煙の尾を長く吹き流しながら、きらきらと透明に光る一点の物体が飛んでいく。よく見ると、四本の白い煙を噴出している。歯みがきのチューブでも押し出すように、空中に放出された白煙は、たちまち一筋の流れとなって、長い軌道を紺青《こんじょう》の空に引いていく。

「退避、退避！」

先生はどこへ消えてしまったのか、その姿は見えず、土手の上にかけあがってくる生徒たちに対して絶叫するのは、警防団員だ。

みな、そくざに草むらにうずくまった。すぐ両手両耳をおさえて、ぱっくりと口をあける。しかし私は、それを横目に、指の隙間から空をふりあおいだ。敵は一機だった。四つの発動機から噴出する白煙は、飛行機雲というやつだろう。ズシーンズシーンというひびきとともに、白い航跡にそって、いくつかの弾幕が空中に浮いたが、敵はびくともしない。

超高空を、波しぶきをあげて進む透明な白魚のように飛翔《ひしょう》していく。

これがB29か。きれいだ……と敵ながら、私はおどろきと感嘆のつぶやきを、生つばと一緒に飲みこんだ。

心細い迎撃体制

あとでわかったことだが、この日一一月一日の警戒警報は一三時二三分、空襲警報発令は同二五分。その差はわずかに二分しかない。監視哨《かんししょう》はなにをしていたかしれないが、たった二分の差では、B29が不意に頭上に姿をあらわすことも当然のなりゆきで、警報がなんらその役割を果していなかったことになる。

B29は、どこからやってきたのか。これまで何度か北九州の工業地帯が爆撃されたときには、中国奥地の基地成都から飛来したものだったが、今度はちがう。ラジオがくりかえし伝えるところによれば、サイパン・マリアナ諸島からだ。一機のB29が飛び立てるということは、すでにその滑走路が〝超空の要塞《ようさい》〟用に完成し、したがって、かなりの数のB29が用意されていることはまちがいないところだろう。後ろには、おそらくどっさりと待機しているのだ。してみると、一一月一日の一番機は偵察《ていさつ》が目的だったにちがいない。一発の爆弾も焼夷弾も落さなかったことで、それとわかる。

しかし、私や級友たちが不思議に思ったのは、〝帝都〟の上空を侵した敵を、みすみす取り逃がしてしまったことである。たったの一機で「飛んで火に入る夏の虫」なら、帝都防空精鋭機がその威力をしめすには、もってこいのチャンスのはずだった。しかし、迎撃機が飛び上がるゆとりもなく、B29が超スピードでやってきたか、さもなければ、迎撃機の上昇不可能な高度に敵がいたか、どちらかだろう。

理解に苦しむというなら、それは、わが軍の高射砲についてもいえることであって、紺《こん》碧《ぺき》の大空にいくつか浮いた弾幕は、いずれも目標のはるか後方で炸裂《さくれつ》し、敵機のいるところまで、かなりの距離があったように思われたのが、歯ぎしりしたいほどに口惜しかった。

級友の中には、敵はクジラのような巨体だから、本土を離れたとたんにドカンと一発打ちこんで海中に沈める作戦なのだろう、という者もいたが、それならば「撃墜」で「退去」とはいわないはず。一度取り逃がした敵は、ふたたび大挙して押しよせてくる——私は、そんな不気味な予感に緊張したのだが、この不安はやはり適中した。

B29は一日のあと、五日、七日と連続してやってきた。三回もの偵察飛行を、わが空・地両防空部隊はいずれも取り逃がした。三回目の空襲警報のあと、ラジオの東部軍管区情報はいう。

「敵ハ、築地《つきじ》上空ニテワガ高射砲ノ弾幕ニアイ、東京湾上ヘト遁走《とんそう》セリ」

遁走と退去とはどうちがうのかしらないが、大人たちのうわさ話には、B29は爆撃機のくせに、わが軍のどの戦闘機よりも速く、しかも戦闘機の上昇不可能な高空を飛び、撃墜はおろか近づくことさえも困難らしいという声が、ささやくように語られはじめた。私は、それを小耳にはさんだだけで、ぞっとして、いっそう目の前が暗くなった。

アメリカ側の資料によれば、一一月一日、私の頭上に姿を見せたはじめてのB29は、ラルフ・D・スチクレー大尉が操縦《そうじゅう》する偵察機で、機内には地図作成用の三面撮影機一基と特定目標物撮影用カメラ三台をそなえ、正規の乗員一一名のほかに写真技師二名が搭乗《とうじょう》していて、一回の偵察飛行で、約五〇〇〇枚の精密写真をうつすことができた。F13とよばれるこのB29型偵察機は、一万メートル以上の高空で房総《ぼうそう》勝浦沖から本土に侵入、カメラは、東京地区の工業地帯や軍事施設などを詳細に撮影しつづけたという。

これに対して、帝都防衛の迎撃隊は、東部軍司令部の命令のもと、独立飛行第一七中隊(調布《ちょうふ》基地)を主力にして、各防空部隊から、たった一機の敵を撃つべくいっせいに飛び立ったが、その大半が敵の高度までたどりつくのに一時間以上もかかり、ごく一部が一万メートルまで食いさがったものの、たちまち失速して、数千メートルも落下する運命に出あった。おまけに一万メートルからの上空だと、空気は地上の五分の一ほどに薄まるから、もし酸素マスクがはずれれば一大事だし、気温は零下四〇度にもさがり、たのみの綱の機関砲までこおりついてしまう。発射してもタマが出ないという悪条件下では、手のうちようもなかったのである。

一方、高射砲はどうかというと、これまた東京を守っていた東部高射砲集団は、七・五センチ砲と八センチ砲とが大半で、どんなに無理をしても、せいぜい九〇〇〇メートルまでしかタマが届かない。一万メートルまでとどく一二センチ火砲は、わずかに一個中隊だけだった。したがって高射砲のタマのほとんどは、B29にかすり傷一つおわすことなく、おびただしい破片となって、都民の頭上に落下することになった。

そして、ありとあらゆる科学的な資料を入手した米空軍は、一一月二四日、B29八〇機からの編隊を組み、四つの発動機から、ごうごうと太いガスの尾を引きながらやってきた。六機あるいは十数機の数梯団《ていだん》にわかれた大編隊は、都下武蔵野の中島飛行機工場にむけて、猛然と集中爆撃の火ぶたを切った。二三四個の爆弾と、一三五個の焼夷弾が投下され、中島飛行機工場は大きな被害を出したが、ほかに三三二戸の家が損害を受け、死者二二二名、傷者三二八名を出した。家を焼けだされた罹災者《りさいしゃ》は一三〇〇名をこえた。もちろん、それらの被害実数は極秘で、新聞もラジオも厳重な報道規制によって一般に知らされることはなかったが、翌日、警察署、派出所、町会事務所の掲示板に、異例の警視総監公示が、墨の文字もあざやかに張り出されたことで、事態の深刻さがうかがえた。

ソノ一　敵機帝都ニ侵入セルモ被害僅少ナリ、都民各位ハ冷静沈着ニ防空ト生産ニ挺身セラレタシ

ソノ二　△防空ノ備エヲ強化セヨ　△職場ニ頑張ッテ生産ヲ増強セヨ　△流言ヲ飛バスナ、流言ニ迷ウナ

ひんぱんになった本土爆撃

一一月二四日の空襲を皮切りにして、B29の本土爆撃の火ぶたは切って落された。

ラジオは、ひっきりなしにブザー音をならして、敵機の進行状況を伝える東部軍管区情報をアナウンスし、みな不安げに耳をかたむけたが、曇天の日、雲上にごうごうと爆音がひびいて、敵味方の見さかいのつかないようなときには、「ただいま帝都北東部の爆音は……」といった具合に、爆音のききわけかたまで教えてくれる。

わが軍の単発の哨戒機《しょうかいき》だったら、いきおい金属的なかん高い爆音になり、双発機だったら、音源が二つになるから、うなりを生じて、ブルンブルン、ブンブンとなる。単発、双発機はいずれも味方機であって、敵B29は四発だから音源は四つ、うなりはそれだけ複雑

になり、ウォン……ウォン……ウォンとひびいて、間に三拍子の休止が入ってくるようになったら、敵機が接近してきたとみて厳重な警戒をするように……などという親切な指導も、一二月の声をきいたら、ぱったりととぎれてしまった。爆音のきき取りかたは、わざわざ教えてもらわなくても、敵が単機、複数機、大編隊にわかれて、毎度のようにやってくることで、すっかり耳についてしまったのである。

二四日の空襲のほとぼりがまださめやらぬうちに、翌二五日にも警戒警報がなり、B29の数編隊が八丈島を通過して北上中という情報が出たが、これは東京に侵入することなく南方に退去、二六日には一機のB29が伊豆半島に侵入、二七日、また四〇機ものB29が東海、近畿南部に分散来襲、二八日はめずらしく一日お休みして、二九日またまた二五機のB29が東京上空に夜間爆撃をかけ、三〇日あらたな小編隊がふたたび東京に――と、敵は連日、日課のように波状的にやってきた。

工場でトロッコにしがみついていても、いつ、いかなる危険に襲われるかもしれないとあって、私たち「学童勤労報国隊員」にも、必勝防火態勢の強化が義務づけられた。

これまで、綿入れの防空頭巾は作業中といえども身につけている決りになっていたが、頭巾にくわえてゲートルを使用することになった。スフ入り、麻布みたいな国防色の服の胸には、何枚かの布地がべたべたと。一枚は赤い若鷲のマークで、大日本青少年団のしるしだ。それに西国民学校の学年とクラス名、住所、氏名、血液型まで書きこんである。ゲートルは、両足の保護ばかりでなく、まさかというときには包帯がわりになるということだったが、そんな話をきくと、なんだか心細くなってくる。

やれやれ、包帯をいつも両足に巻きつけて出勤か。……

やがて私をはじめ、トロッコ押しの級友たちは、だれも口に出してこそいわなかったけれども、隅田川をはさんで対岸のガスタンクの陰からひびき出すサイレンを、心まちにするようになった。空襲警報と同時に、少国民生徒は避難のために帰宅してよいことになっていたからである。

警報放送の経路．東部軍作戦室正面の情報地図盤．小笠原諸島や伊豆七島，房総半島などにある監視所などから有線，無線で送られてくる情報が，赤い豆ランプで点滅する

勤労学徒といっても義務教育対象の児童だから、万が一の場合、工場も学校もその責任を持ちきれなかったのだろう。最初は警戒警報でもかえれたものが、まもなくきりがなくなって、空襲警報だけになった。

それでも、実にひんぱんに、とぎれとぎれの緊急サイレンがなる。私たちは、そのたびごとにトロッコをほうり出して、歓声あげて、工場から家へと走ってかえった。

しかし、どんなに息せききって走っても、家までたどりつかないうちに、敵機が頭上にきてしまうことがある。それが困りものだった。路上に適当な待避壕でもあれば避難するが、ない場合は防火貯水槽でもなんでも、近くの防禦物の陰にころがりこむよりほかにない。〝超空の要塞〟が、わが対空部隊にとって、どんなに強敵であるかも、まのあたり見ることができたし、友軍機の壮烈な体当《たいあた》りも、この目で見た。非常な高空をとんでくる巨人機に対して、わが精鋭機は一点の流星のように、きらきら光って突っこんでいく。B29との距離をみるみるちぢめ、さらにちぢめ、あっと思ったときには、その巨体の一部に吸いこまれてしまう。とたんに敵は、ガクンとよろめくのだった。マグネシュームにもにた強烈な光線がはじけて、爆発音が一、二度空気をふるわせ、尾翼と翼のつけ根のあたりから黒煙を噴きだした敵機は、たちまち機首を落し、反転してきりもみ状態になった。

「やった！」

私たちは小おどりして、万歳をさけんだが、友軍機は影もかたちもなかった。一発必中の肉弾となり、〝神風〟となって、大空の果てに散ってしまったのだろう。

肉弾戦でないと、敵は撃墜できないのだろうか。当時、日本の戦闘機で最高のスピードを持つ海軍の零戦《ぜろせん》は七・七ミリと二〇ミリ機銃各二門ずつを持ち、最高時速五六五キロを誇っていたが、B29は全幅四三メートル、総重量五四トン（爆弾、焼夷弾の搭載量は最大八トン）もの爆撃機でありながら、最高速度は六〇〇キロ、一二・七ミリと二〇ミリ銃あわせて十数門を装備している。その全容が新聞にも紹介されていたが、もはやふつうの方法では、おそるべき敵の息の根をとめることはできないのだ。体当り攻撃は、かならずしもB29を撃墜させるとはいえないが、相当な損害をあたえることと、自分の生命がこなごなになって消滅することだけは、たしかなのだった。

あまりの緊張と興奮とに胸をどきどきさせながら、それでも私たちは、空襲のまっただなかを、小走りに走ったり、身を伏せたりしながら、家路をめざす。つぎの瞬間に、もしかして自分が、または友だちのだれかが爆風もろとも首がすっとぶようなこともないとはいえないのだが、どんな危険をおかしてでも、家へかえるほうがよかった。

家には、あたたかい炭火とともに母がまっていてくれるし、イモパンくらいのおやつにもありつける。霜焼けだらけの両手をいたわることもできる。そして、せめて一回でも満腹になりさえしたら、そのときは爆弾に命中して死んでもいい、とさえ本気に思うのだった。

師走《しわす》の一二月には、計一五回もの空襲があって、のべ一三六機のB29が東京を襲い、六九七個の爆弾と、四一二九個の焼夷弾《しょういだん》が落され、七五一名からの死傷者が出て、やっと年が暮れた。

お年玉は焼夷弾

明けて一九四五(昭和二〇)年、元旦。B29はさらに意地悪く、新年を告げる鐘の音と同時にやってきて、浅草方面をねらう。ついで明け方押しよせてきた六機のB29が、下町《したまち》地域をねらい、私の住んでいる寺島町にも、気前よく焼夷弾の〝お年玉〟をぶちまけていった。

日を追って、敵の攻撃目標が、だんだんと近づいてきた。いや、私のところだけが特別にねらわれているのではない。東京なら、どこの町にも、それだけ敵の空襲がはげしさを増してきたということなのだった。

新年といっても、この国はじまって以来の〝非常時〟だから、日の丸の旗は軒先になららんでいても、双六《すごろく》も羽子板もなければ、竹馬もタコあげもなかった。のんびりとタコなどあげていたら、電線をかすって焼夷弾が落ちてくるのが関の山だ。タコも、タコ糸も売っていない。双六の紙も、羽子板の羽根もない。竹馬はとっくの昔に、子ども用の竹やりに化けてしまって、ないないづくしの正月なのだが、なによりうれしいのは正月餅の配給だろう。一人あたり一キロということだったが、正月までにきたのは三分の一で、そのもち米も、とぼしい配給米(一日二合三勺《じゃく》=約三三〇グラム)からの差引きになり、正月だからといって余分にもらえるわけではなかった。煮干《にぼし》が一人あたり一〇匁《もんめ》(三七・五グラム)、数の子が三〇匁、煙草は一日に六本。

それも、のんびりとこたつにでも入って味わえるのならともかく、今くるか今くるかと空襲のサイレンにおののきながらだから、水気ばかりで歯ごたえのない餅など、味薄の雑《ぞう》煮《に》汁とともに、からっぽの胃袋を、ちょっぴり刺激した程度でしかなかった。

せめて正月くらい満腹になるかと思ったが、この分ではまだまだ死ぬわけにはいかないぞ、と私は思う。

配給といえば、新年そうそうに隣組から、竹製カブトと、竹製の防火用消火筒とがまわってきた。鉄製品はみな兵器に使われてしまって、残されたのは竹林の青竹くらいなものなのだ。

「鉄カブトならいざ知らず、竹カブトとは……」

父は苦笑し、防火用消火筒のほうだけ、九円八〇銭と引きかえに手にいれた。

竹製のそれは、にぎり拳《こぶし》がはいるくらいの太さに、一メートルほどの長さで、手元に菊の紋章の焼印がついている。防空・防火活動の新製品として、内務省が認可した大型水鉄砲だったが、実際に使いこなすためには、相当な訓練がいるのだろう。防火群長の指揮のもとで、貯水槽の水をいっぱいに吸いこませ、筒先をバズーカ砲のようにかまえた男たちが、またまた「米英撃滅イチ、ニ、サン」のかけ声で、目印の白線まで進み出て、それっという合図よろしく、ねらいを定めて一人ずつ取手《とって》をぐいと押す。発射。ぴゅうと噴出した水流が、軒先の赤布にうまく命中すれば合格だが、そこまでとどかなかった場合は、何回でもやりなおしというわけである。

赤布を発火点と見なしているわけだが、たしかに水がとどかなければ、火点は拡大する一方だろうし、菊の紋章入り消火筒も意味をうしなう。新兵器は、それまでの火たたきとバケツ・リレーにくらべるならば、一歩前進といえなくもなかったが、その隊列は、モンペ姿の主婦群よりもさらに見劣りした。父をはじめとして、横丁の男性群は数もすくなく、ひたいがはげあがっていたり、足腰のおぼつかぬ者がほとんどで、おまけに栄養も不足気味。勇ましいかけ声は出てこず、せっかくの新兵器もさえなかった。いや、憎いほどあざやかに目に焼きつけられたB29の雄大なイメージと、このおもちゃめいた水鉄砲とを、つい無意識のうちに比較してしまうからなのだろうか。

それからも、B29は、寒風の空にひっきりなしにやってきた。

サイパン・マリアナ諸島が米軍の手に落ちた以上、敵の本土空襲がはげしくなることは、あらかじめ覚悟の上だったが、しかし、こんなにひんぱんにやってこられてはたまらない。いつのまにか、あだながついて、「B公」に「Bちゃん」に「お客様」「定期便」だ。昼間に一機くらいやってきて、工場からかえれるときは「Bちゃん」だが、深夜サイレンの音で起され、床下の壕にもぐらなければならないときは「B公」になる。ばかでかい翼をひろげた「お客様」は、毎日のようにやってくるが、目のさめるような体当りの大戦果は、これは毎日というわけにはいかず、警戒警報と空襲警報のサイレンばかり、かわるがわるうなりつづけて、そのたびごとに町はしぼみ罹災者《りさいしゃ》が増えていく。

一月中に、敵の来襲機は一〇〇機。投下爆弾五〇四個、同焼夷弾二八〇二個、死傷者一五八一名、家屋の全壊五二五戸、全焼八五五戸、罹災者六四〇三名。月末に近い二七日、

昭和20年1月27日，爆撃を受ける東京・銀座

約七〇機のB29は東京・銀座の上空にあらわれた。濃い密雲の上から、ドカドカと爆弾、焼夷弾を混投し、銀座ビル街はハチの巣のようになった。有楽町駅などは、直撃弾を受けて、階段の一だん一だんまで埋めつくした死体で、足の踏み場所もないほどだった、とはその方面に勤務先のある姉の言葉だった。

二月、敵の来襲機はB29のほかに小型艦載機もくわわって七五一機。投下爆弾一四七三個、同焼夷弾八二六二個、死傷者一九四七名、家屋の全壊五五五戸、全焼二万〇五六四戸、罹災者八万一五九九名。やはり月末に近い二五日、大雪の悪天候をものともせず、約二〇〇機のB29が五六機の艦載機に守られ、戦爆連合でやってきた。ぼた雪とともに、黒いものが目の前をひっきりなしによぎって、おやおや黒雪かと思ったら、その一つ一つが雪のの中で猛然と火柱を上げた。地下の壕は、まるで氷室だった。私は氷柱《つらら》を片手に、焼夷弾と格闘した。

　一月から二月にかけて、敵の来襲機は七倍になり、罹災者は一三倍にもふくれあがった。三月になったら、一体どうなることだろう。

　ここまでのB29は日本の制空部隊の手のとどかぬ高空を飛翔《ひしょう》し、高性能爆弾、焼夷弾を大量に投下したが、それは一部例外があったにせよ、軍事目標に照準を向けた精密爆撃だった。しかし、この作戦は日本独特の強い季節風と悪天候にさえぎられて、あまり成功することなく、やがて非戦闘員を対象にした無差別焼夷弾攻撃へと作戦を変更し、B29が血に飢えたジョーズのような獰猛《どうもう》な正体をあらわにしたのは、三月に入ってまもなくのこと。

　その〃炎の夜〃が、私にとって、生涯忘れることのできない記憶となった、一九四五(昭和二〇)年三月九日夜から一〇日未明にかけての大空襲なのである。

第四章　炎の夜・三月一〇日

焼け野原になった日本橋と，隅田川をはさんでの江東地域

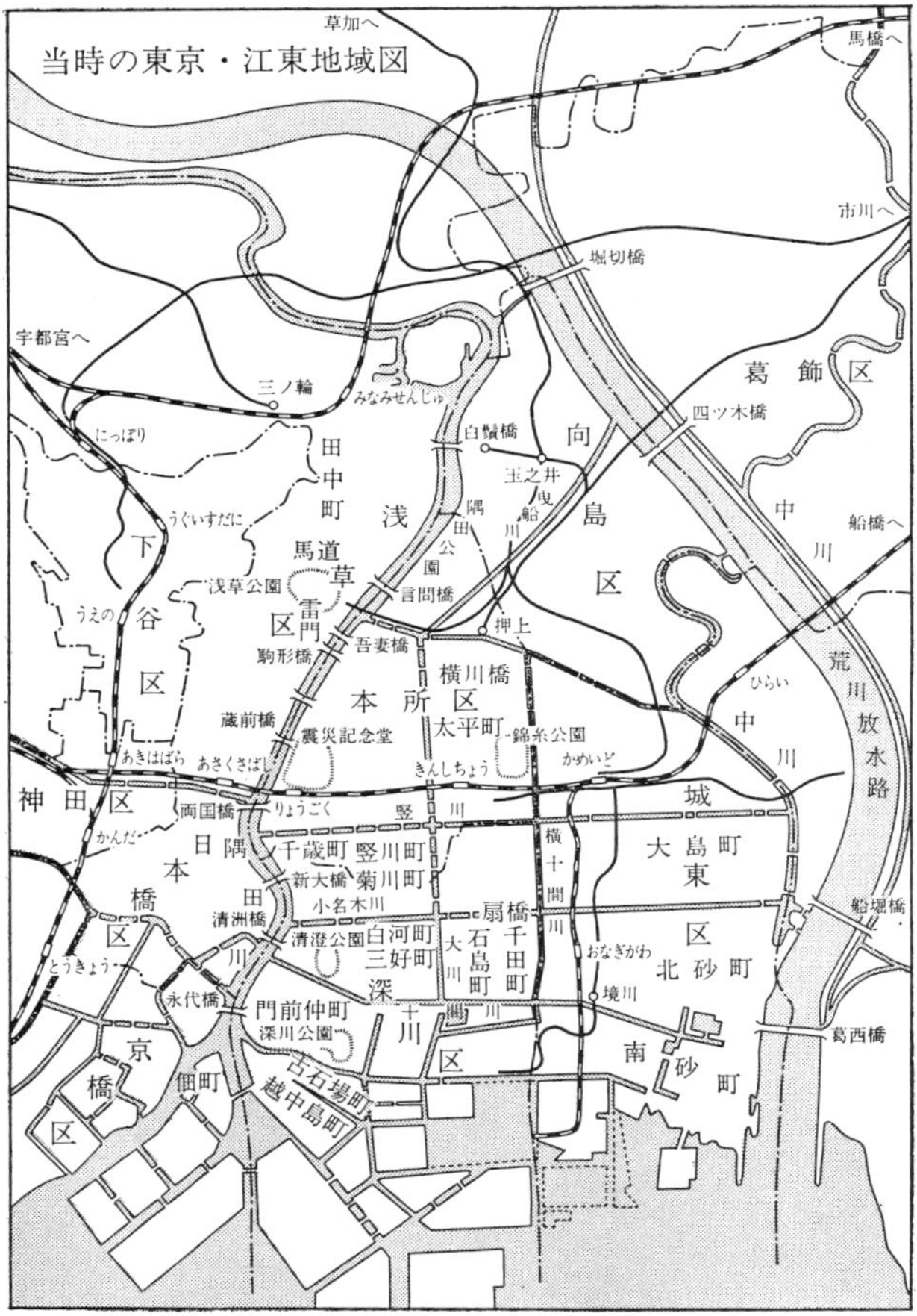
草加へ
馬橋へ
市川へ
堀切橋
宇都宮へ
三ノ輪
みなみせんじゅ
葛飾区
四ツ木橋
白鬚橋
向島区
にっぽり
田中町
玉之井
曳船川
うぐいすだに
下谷区
浅草区
隅田公園
中川
船橋へ
馬道
浅草公園
言問橋
うえの
雷門
押上
吾妻橋
駒形橋
横川橋
ひらい
荒川放水路
本所区
蔵前橋
太平町
錦糸公園
震災記念堂
あきはばら
あさくさばし
きんしちょう
かめいど
神田区
両国橋
りょうごく
竪川
城東区
かんだ
日本橋区
隅田川
千歳町
竪川町
大島町
横十間川
新大橋
菊川町
小名木川
扇橋
船堀橋
清洲橋
清澄公園
白河町
三好町
石島町
千田町
大島川
おなぎがわ
北砂町
とうきょう
深川区
境川
永代橋
門前仲町
葛西橋
深川公園
京橋区
南砂町
佃町
古石場町
越中島町

当時の東京・江東地域図

その夜、私は猫ごたつにしがみついて、一升瓶《いっしょうびん》の中にいれた三合ばかりの玄米を、米つき棒でサクサクと突いていた。

配給の主食はひどいおくれようで、銀シャリ（まっしろな飯）など昔の語り草になってしまったが、どんなにおくれて少量でも、米と名がつけばうれしい。その待ちに待った配給米も玄米ばかり。しかたないので、はたきの柄など使用して一升瓶で精米することになるのだが、こんな単純な仕事は、たいてい私にまわってくる。それに、じっとしていると、両肩がしびれるような寒気《かんき》なのだった。

ぽっかりと、部屋の中央部だけをまるくてらし出した灯火管制用の明りの下で、私は米つき棒を動かしながら、窓の外をうなってとおりすぎる北風の音が、気になってしかたなかった。明日は三月一〇日、陸軍記念日。この日をねらって、敵のなんらかの報復爆撃があるかもしれないと、そんなうわさが、どこからともなく流れてきていたからである。

その不吉な流言を裏書きするように、北風は、だんだんと激しくなってきた。

「勝元、起きろ」

「一風呂、あったまってくるか」

父が、私をうながすようにいったが、私は腰をあげなかった。銭湯《せんとう》といっても、三日に一回しか開かれないので、ものすごい混雑ぶりだ。あがり湯だって、一人七杯までと決められている。おまけによごれきった湯は、かえって垢《あか》をつけてくるようなものでしかなかった。

「いいよ。うんと垢つけておけば、直撃弾だって、つるりとすべってくれるもん」

私がいえば、

「そうだね。一皮余分についているのも、まんざらじゃないね。火もふせげるし……」

母が冗談《じょうだん》まじりに、そんなことをいったのをおぼえている。

「ふむ。それもそうだが、いよいよという時には、さっぱり身軽なほうがいいぞ」

父は皮肉めいた一語をのこして、出かけていったが、すぐまたかえってきた。銭湯は外にまで行列で、とてもはいれたものではないというのである。

「こうなりゃ、さっさと寝たほうが勝ちだ。どうせ、夜中にはお客様がやってくることだろう」

「そうよ、寝だめしとかなくちゃ。B公は、あたしたちを寝かせないための神経作戦なんだから」

部屋の隅で、救急袋の薬やら包帯やらを整理中の姉がいう。私はうなずいた。敵の神経作戦はともかくとして、夜になったら、できるだけ早く寝るのにかぎる。ふとんを頭からすっぽりとかぶってしまえば、隙間風《すきまかぜ》はもちろんのこと、この不吉な風の音も遠ざかるし、それになによりも一時的にせよ、空腹を忘れることができる。せめて一度でいいから満腹になってみたいという願いとともにあるのは、一晩でいいから、朝までぐっすり寝かせてもらいたいということだ。空腹の上に、不眠の夜がつづいてはたまらない。

しかし、やはり、敵は寝入りばなにやってきた。

一〇時三〇分、警戒警報が発令された。

姉に起されて気がついたが、北風はさらにはげしさを増したようである。ひゅうひゅうと、笛のように鳴る電線の音でもわかる。と、ラジオからブザー音がひびき、東部軍管区情報のアナウンスがきこえてきた。

「目下、敵ラシキ不明目標ハ、房総方面ニ向ッテ北上シツツアリ」

つづいて、すぐまた情報が入る。

「敵ノ第一目標ハ、房総半島ヨリ本土ニ侵入シツツアリ」

なあんだ。私はふとんのすそから耳だけつん出してきいていたのだが、ちょっぴりはぐらかされた感じがした。

陸軍記念日をねらって、敵大編隊は翼をつらねてやってくるかと思ったが、また今夜も一機らしい。第二目標が続いているにせよ、これもたぶんヒトキだろう。警戒警報のサイレンをきくのは、ほとんど毎晩のことだったから、そのたびに起きていたのでは、眠るひまなんかありはしないのだ。

私はふて寝を決めこんでいたのだが、そうだ、明日一〇日はふつうの日ではないと思いなおし、外に出て、防火貯水槽にはりつめた氷だけ粉砕しておいた。これだけは〝少国民〟の任務で、いざというとき、さっと水が使用できるようにしておかなければならない。しかし、粉砕した氷のかけらが烈風で路上をころげていきそうなのにキモを冷やし、すぐ家へころがりこんだ。つぎの情報が、ラジオからきこえてきた。

「房総半島ヨリ侵入セル敵第一目標ハ、目下海岸線付近ニ在リ」

さらにまた、

「房総南部海岸付近ニ在リシ敵第一目標ハ、反転南下シテ目下房総南部ニ在リ、ナオ後続目標ハ、未ダ南方洋上ニ在リ」

「敵第一目標ハ、房総南端ヲ旋回シツツアリ」

私は、首をかしげた。敵は一体なにをしているのだろう。旋回、また旋回、波頭だけが白兎のようにはねて光る暗黒の大海原の上を、敵の少数機は、のんびりと散策しているとしか思えないのだ。これが、姉のいう神経作戦なのか。

それならば、さっさと寝たほうがよいにきまっている。旋回中だった敵が「南方洋上ニ退去シツツアリ」の情報を最後に、私はいち早く寝床にもぐりこんだのである。

つぎに目をさましたとき私は、一瞬夢か現実かがわからなかった。ぎらぎらと、太陽光線の降りそそぐ時間まで、寝すごしたかとさえ思った。目もくらむばかりの光芒《こうぼう》が、バッと音を立てて、目の中に突きささってきたので、とっさにそう感じたのだった。

「勝元、起きろ、勝元！」

まどろんでいた鼓膜《こまく》にささりこんできた声が、ふたたび耳に飛びこみ、私は夢中でふとんをはねのけた。

夢ではなかった。

トタン屋根をゆすぶる突風のうなりの中に、ドカドカと大地をふるわせる不気味な怪音と、炸裂音《さくれつおん》がひっきりなしにひびき、枕元の非常袋その他をとっさにつかんで、玄関先にとび出せば、視界は、赤一色。首を一回転させてみた。どこもかしこも、ごうごうと真紅《しんく》の炎が闇空を焦《こ》がし、耳をつんざくような爆発音が断続的にひびく。とたんに、頭上の空気が鋭く裂けた。ヒュルヒュルと鼓膜をふるわせて、ごうーっと迫ってくるのは、至近弾《しきんだん》だ。爆弾か、焼夷弾か。

空襲警報もならないうちに、一体なにがどうなったのか。ほんのひと眠りしているあいだに、火は地の底からふき出してきたように、私たちを包囲してしまった。北風はこれみよがしに荒れ狂い、ごみ箱の蓋は木の葉みたいに舞いあがり、電線はムチのようにしなり、空にすいこまれる炎は、巨大な何本もの赤旗の幟《のぼり》のように、ひるがえって鳴っている。

「勝元、なにぐずぐずしてるの、早く!」

二階からかけおりてきた母がさけんだ。とっさに我にかえった私は、

「か、かあちゃん、おれの防空頭巾は?」

「かぶってるじゃないか。さ、荷物を早く、早く!」

「え?」

「に、逃げるんだよ」

だって……といいかけたところへ、防火用消火筒を背中にしょった父が、鉄カブトの顔を目ばかりにして、路地から走って引きかえしてきた。

「これは、いつもとちがうぞ。とても消せる火じゃない。急げ!」

私は玄関先から部屋へとびこむなり、猫ごたつのそばに倒れていた一升瓶をひっつかみ、米つき棒をほうり出して、なかの玄米を救急袋にあけた。一升瓶の口から、米つぶがさらさらと、救急袋の底に落ちていくのさえも、もどかしかった。とたんに背後の階段に悲鳴がはじけ、ふとんと人間とがいっしょくたにころげ落ちてきた。かけぶとんを丸めて荒縄をかけた姉が、手さぐりでおりてきて、階段を踏みはずしたのである。

「気をつけろい！」

私は、ふりむきざまにさけんだ。

炎のるつぼに

敵機の本格的な爆撃が開始されたのは、三月一〇日になってからである。

零時を知らせる打刻のあと、ほんの一息いれたとたんに、東京湾上すれすれに突っこんできたB29の先頭機が、深川地区(現在の江東区)に侵入、またたくまに弾倉を開いて第一弾を投下した。東部軍司令部はなにをしているのか、まだ空襲警報も鳴らない。第一弾は零時八分、深川区木場《きば》二丁目付近に落ち、ついで同区白河町二丁目、三好《みよし》町一、二丁目付近にも落ちた。材木の町から火災発生。ぎっしりとたばねた材木も、無数の運河にうかぶ丸太も、マッチ棒のように火を吹きはじめ、二分後の零時一〇分、火災は隣りあった城東《じょうとう》区(江東区)にも発生、北砂町二、三、四、五丁目付近が、帯状に被弾《ひだん》。

焼夷弾の雨を降らせるB29

さらに二分を経過した零時一二分には、こんどは本所区《ほんじょ》(墨田区)がやられた。

一区あたり二〇—二五万人からの過密人口密集地帯の町を、火災はわずか二分間隔で、まるで生きもののように跳躍していくことになる。

焼夷弾の豪雨は、みるまに本所区を南北に縦断し、直線状の大火流線は、いくつもの運河できざまれた江東《こうとう》ゼロメートル地域を、またたくまに包囲した。零時二〇分、火災は浅草区(台東区)にも発生。牛込区(新宿区)、下谷区《したや》(台東区)、日本橋区(中央区)、本郷区(文京区)、麹町区《こうじまち》(千代田区)、芝区(港区)なども相ついで被弾し、独立火点がつぎつぎと合流し、一挙に大火流になった。浅草区、日本橋区に広範囲にひろがった猛火は、おびただしい火の粉をふきあげ、まき散らしながら、火玉となって宙を飛びかい、幅二〇〇メートルの隅田川をこえて、向島区(墨田区)と合流。

真紅《しんく》の火炎帯は、わずか半時間たらずのうちに下町《したまち》全域へと波及した。B29は、目標の周囲にまず巨大な火の壁を作った後、逃げまどう人びとにねらいを定め、電柱や屋根にぶつかりそうなほどの超低空で、入れかわりたちかわりの無差別焼夷弾爆撃へとうつった。

第一弾投下から七分おくれて、零時一五分に、ようやく空襲警報がなったが、この七分差は、逃げまどう母や子どもたちにとって、決定的な時間になったといえよう。

北風はいちだんとはげしく、吹きあれる烈風は地上の大火災にあおられ、火の海の沸騰《ふっとう》となり、中央気象台調べで、瞬間風速二五・七メートルに達した。火は風をよび、風が火をよぶという、すさまじい火事嵐となってきたのである。地表の温度が白熱状態になると、飛び火などというものでなくて、炎は瞬間的に激流のようになる。ばかでかい火の玉は、不気味なとどろきを上げて、道を走り、家々をつらぬき、川を渡り、逃げまどう人びとを、つぎつぎとその渦の中心にまきこんだ。

深川地区に発生した最初の火災を望楼《ぼうろう》から発見したのは、深川消防署である。すぐ地区隊あわせて計一五台の消防自動車が、サイレンのうなりもけたたましく平野町、白河町方面の火災現場へと急行し、全部隊がならんで火炎をくいとめようと必死の集中放水をしているうち、隣接する三好町、高橋《たかばし》町方面が圧倒的な焼夷弾攻撃を受け、火の玉がなだれのように襲ってきた。あわてて消火作戦を変更しようとしたが、すでにおそく頭上に鉄の雨が降りそそぎ、二台の消防自動車に直撃弾が命中、隊員もろとも火の塊になってしまった。

「カクシテ深川区中央部ヲ南北ニ縦断セル二大火流ニハサマレタル地域内ノ無数ノ独立火点ノ合流ハ、烈風ノタメ瞬時ニシテ深川消防署全管内ヲ包囲セルタメ、防禦奮戦中ノ各隊ハ四面ニ火流ヲ浴ビ脱出セントスルモ遂ニオヨバズ、猿江公園ニ脱出シタルハ僅《わずか》ニ三隊ノミノ悲惨ヲ惹起《じやつき》スルニ至リタリ」

都消防部「消教務第二三一号」報告書は、大勢の殉職者を出した深川消防隊の無念の心情を、周囲の息づまるような状況とともに、よく書きしるしている。

しかし、殉職者を出したのは、深川消防隊だけにとどまらなかった。隣接した本所消防隊では七隊が出動、これまでにない深刻な事態に応援たのむと近隣の三〇隊に緊急要請したが、応援隊は待てどくらせど一隊も到着せず、決死的な敢闘《かんとう》もむなしく、消防自動車七台と、隊員一〇名とを失った。七台のうち二台は、やはり直撃弾をあびて火だるまとなったのである。また城東《じようとう》消防隊は、望楼《ぼうろう》から確認しただけでも、区内八カ所にほとんど同時に火の手が上がり、この独立火点が合流しそうな気配に、すぐ全隊を出動させた。

その結果「配置部隊三八隊ヲ彼此《ひし》転戦シ転進シ敢闘コレツトメタルモ、地域ノ大半ガ工場地帯ヲ形成シ居リタル関係上火勢ハ最モ猛烈ヲ極メ、僅ニ亀戸《かめいど》九丁目同八丁目ノ一部ヲ残シテ大半ヲ烏有《うゆう》ニ帰セシメタリ、ナオ職員ノ殉職五名行方不明《ゆくえふめい》二一名重軽傷者一一三名ヲ数エ自動車喞筒《ポンプ》焼失二六台ヲ算スル悲惨ヲ招来セリ」

ついで、浅草へと目をうつそう。

零時一五分、空襲警報発令と同時に、浅草消防署栗林忠吉署長は、同区日本堤《にほんづつみ》の署の屋上にあがり、署員とともに状況を監視していた。竜泉寺《りゅうせんじ》町から吉原《よしわら》方面に大量の焼夷弾が投下されたらしく、爆発的な火の手があがった。そこで全部隊を吉原方面に集中させることにし、本庁にもすぐ連絡をとって、至急一五台の応援隊を依頼した。この連絡のあと通信は途切れて、応答がなくなった。栗林署長は隊員の苦闘を思うとじっとしていられず、自分も国際劇場前通りまで出動し、ここで竜泉寺方面からの火勢をくいとめ風下への延焼をふせごうと指揮をとったが、水圧が低く、さらに至近弾をあびて、苦戦におちいった。やむをえず本署への転戦を命じて、ひきかえしてくると、本署はすでに猛火に包まれていて、消火活動どころか、自分の生命さえもおぼつかない状態になってきた。

栗林署長は、今はこれまでと待避を覚悟し、署員と、前日夕方から応援にきていた早稲田署学生報国隊員二〇名、それに夫人らを同乗させ、馬道《うまみち》方面へと走った。消防自動車はつぎつぎと火炎帯をくぐりぬけ、火の粉の豪雨の中を前進したが、言問橋《こととい ばし》通りの四辻を前にして、エンジンが故障してしまった。火勢はいよいよ強く、学生たちは「署長さん、助けてください！」と泣きさけび、すがってくるのをはげまし、勇気づけ、煙の隙間に身を割りこませていくと、ロータリーにコンクリートの遮蔽物《しゃへいぶつ》を見つける。ここに身をふせて一息ついたが、ふと気がつくと、夫人の姿はなかった。このとき、浅草観音堂の大屋根と五重塔から、直線上の火柱が吹きあがり、関東大震災でも焼失をまぬがれた江戸の名所が、火花をまき散らし、一大音響とともに崩壊していくのが見えた。

一刻が一〇年にも勝《まさ》るような長い時間がすぎて、やっと一命を取りとめた栗林署長は、よろめく足をふみしめながら本署へたどりついたが、署員六名はついにかえらず、そして最愛の夫人も、焼死体姿で発見された。しかし、死体を前にしても署長の両眼は火煙にやられていて視界はきかず、手ざわりでしか、確認することができなかった。

都消防隊の犠牲はあまりにも大きく、消防自動車焼失九六台、水管焼失一〇〇〇本、隊員の焼死八五名、行方不明四〇名、警防団員の死傷者五〇〇名以上にもなった。

火を消しにいったはずのポンプ車が約一〇〇台も焼失し、火には強いはずの消防隊員が八五名も焼死するなどということは、常識では考えられない。大空襲による火災は、東京の下町地域を、半時間たらずのうちに、巨大な火のるつぼに変えたのだ。炎の激流は、場所によっては風速四〇―五〇メートルにも達し、消防隊員は歩くことさえも困難になり、熱風でまっさきに眼を焼かれ行動の自由を奪われた上、かんじんの水管の放水はみな四散してしまった、と都の消防部は〝炎の夜〟の凄惨《せいさん》な状況を、脂汗《あぶらあせ》のしたたるような文章で記録し、「今次空襲下ニオケル最大苦闘ヲナシタリ」と結んでいる。

私が見たもの

私たち一家は、家を捨てて避難することになった。

長年住みなれたわが家だから、なんとかして守りぬきたかったし、それに空襲下にみだりに荷物を持ち出したり逃げたりした場合には、法的に罰を受けるということを知らないわけではなかったが、父のいうとおり、だれがどう見ても消せるような火ではなかった。ぐずぐずしていればむし焼きか、黒こげになるだけだ。

一台のリヤカーに、生活必需品と家具の一部を山盛りくくりつけた。とうてい乗せきれるものではない。それに、なにをどう選んでという時間のゆとりもなかったから、手あたりしだいだった。

「さ、行くぞ」

父がカジ棒をにぎり、そのあとを母と私とが押して、大荷物をしょった姉が横にしたがい、路地から改正道路へと走り出たが、そこからあと私たちがどのような道すじをたどってどう逃げのびたかは、八年ほど前の拙著『東京大空襲―昭和二〇年三月一〇日の記録』(岩波新書)に、くわしく書いた。重複をさけて、ここでは、一二歳の私の目にうつった〝あのとき〟の光景と印象だけをしるすにとどめたいと思う。

不思議なことだが、私はおなじ現場で行動をともにした母や姉よりも、より鮮明な記憶を今に残している。おそらく大人たちは、生きれば生きたでどう生活するかで懸命だったのだ。その生活の重荷をしょってなかった私は、少年の目で、一眼レフでとらえたカラー写真のように、三月一〇日のさまざまな印象を、心に焼きつけることになったのである。

その一。私たちがリヤカーごと改正道路(水戸街道)に出ると、通りは避難する人びとでごったがえしていた。自分たちだけ逃げおくれたかと心配だったが、そうではなかったのを知って安心した。いろいろな人がいた。ふとんを頭からひっかぶって、小さな子どもの手を引いていく人もいれば、大八車《だいはちぐるま》に漬物だるまで乗せて、その積み荷がくずれて烈風にさらわれる人もおり、自転車にリヤカーに乳母車に、トランクに柳行李《やなぎごうり》にリュックサックに、道はばいっぱいの家財道具と荷物が、火炎に照らされて急速に流れていく。みな、一様に走っていた。時に悲鳴があちこちではじけたが、そのほかは強風にふき飛ばされてしまうのか、ほとんど耳に残らなかった。人びとを追いたてるようにして、北風が黒い塊のようにどっと襲ってくると、だれの手から離れたのか、鍋、釜、バケツ、鉄カブトなどが、すさまじい勢いで路上をカラカラと回転していった。とっさにひろおうと手をのばしたが、一個のバケツはたちまち人波にすいこまれて消えてしまった。

その二。焼けただれた上空を群れとぶ敵機は、これがかつて高度一万メートルを白魚のように美しくやってきたおなじB29か、と疑うばかりにばかでかく、しかも残虐そのものだった。頭上にのしかかるほど大きく見えたのは超低空のためだが、翼も胴体もぎらぎらと真紅にあやしく映《は》えていたのは、地上の火災を乱反射してだろう。それが火炎と黒煙の裂け目からいきなり目の前に登場し、かたわらの電柱すれすれに突っこんできた。弾倉が開くのは、たいていその時である。両の翼をいっぱいにはって、ぐゎーんと機首をそりあげていくとき、防風ガラスの操縦席と、前下部機関砲塔までくっきりと見えた。あっと思った瞬間に、何十台何百台ものジャリトラックが、いっせいに荷をぶちまけたような怪音。思わず首をすくめ、また本能的に目を上げると、朱色に染まったB29は、牛の霜降り肉にもにた赤黒い火炎の中へ消えていた。これが連続波状的にくりかえされ、つぎつぎにあらたな敵機が、逃げまどう群衆とまだ黒ずんで残っている家並みを目ざして、執拗《しつよう》に襲いかかってくるのだった。私の目には、焦熱地獄《しょうねつじごく》に照り返されたB29の姿が、血のしたたるような不気味さでうつり、とうてい人間わざとは思えなかった。

その三。火炎のとどろきの中からサイレンが狂気のようにひびいて、一台の消防自動車がやってきた。タイヤが地につかぬほどの勢いだった。

「どけどけ!」

消防隊の怒号がとび散って、大八車もリヤカーも道のわきにへばりついた瞬間、二つのライトを光らせた自動車は、私の肩すれすれのところを突きぬけていった。とたんに、前を走っていただれかが倒れた。バンパーにでもはね飛ばされたか。その人は起きあがって、またよろよろと走っていった。

「消防車は、火を消してくれるのかね」

だれかがいった。

すると、答があった。

「なにも人をはねて行かんでも。急いでいくにしちゃ、いくところが多すぎてね」

そういったのは父か。父かどうかは、はっきりしない。

その四。改正道路を避難する群衆の中に、一列にならんで、一本のロープにすがって行く一団があった。命綱《いのちづな》である。ロープの先端をにぎって、赤子を背におぶい、鉄カブトの顔を前かがみにして走っていくのは、かなり長身の男だった。黒っぽい刺子《さしこ》つきの外套をまとい、その後ろに女、子どもたちが続く。みな掛け声かけて、一匹のムカデのように走っていく。総勢一二、三人くらいだろう。私たちのリヤカーの横を、前になったりうしろになったりしながら、おなじ方角へとむかっていた。なるほど、これならば、だれか一人だけはぐれるということもないから、生きるも死ぬも一緒だろう。しかし、背に両手に、それぞれ大荷物を背負い、手にしているのは、心配だった。から身なら気持を一つに、一匹のムカデにもなれようが、先頭がつまずきでもしたら将棋倒しになりそうな。現に女の子の片手の荷がほどけて、風呂敷包みを引きずりながら走っていく。

その五。通りのまんなかに、なにやら黒くてよく光るものがほうり出してある。茶だんすかと思ったら、アップライトのピアノだった。黒塗りの蓋《ふた》もペダルも、きらきらと光っていたから新品か、さもなければかなりのぜいたく品だろう。だれが、どこから持ち出してきたのか知らないが、一人で動かせるはずがない。どうやって、ここまで運んできたのだろう。いざというときにピアノを救い出そうとした発想にもおどろくが、その人は、家が焼けてしまったら、ピアノ一つかかえて、どうするつもりだったのか。今でも疑問に思うが、私たちは、そこに気をとめているゆとりはなかった。

その六。すさまじい火の粉だった。リヤカーのうしろにしがみついていくだけでせいいっぱいだったから、のんびりと空を振りあおぐゆとりもなかったが、そのリヤカーが曳舟《ひきふね》川《がわ》を越えたときに、鶴土手橋の上から、水面に映るすさまじい火の粉の流れを見た。川幅いっぱいに、砂金を撒《ま》いたように、火の粉が渡っていく。私たちの背後からどうどうと押しよせてきて、私たちよりも速く、前方の暗がりへと流れてゆく。火の粉も火炎に追われてきたのか、それとも火炎の手先となって、私たちの逃げ場所を先にふさぐつもりなのか。

「おっそろしい風だね。風に火がつくみたいだな」

母が、絶望的な口調でいう。

「もうついているわよ。火の粉が、あんなに空を……」

「ああ、まるで、ふいごのようじゃないか」

「あの火が、人や荷物にひっついたら大変よ、かあちゃん」

姉の不安はあたっていた。最初は中天高く、天の川のように流れていた火の粉が、すぐ頭上を高く低く舞いはじめたのだ。

その七。やがてまもなく、目も口もうかつに開けていられぬ状態になった。大小無数の火の粉が、きりきりと回転しながら、うなりを上げて突きささってくる。それを軍手ではたき落し、足で蹴《け》ちらかしながら走るよりほかにない。なかでもおそろしいのは、真っ赤に灼《や》けたトタン板だった。金属的なうなりとともに、目の中にささりこんでくる。はっと気づいて首をすくめれば、ぐさり、かたわらの立木の幹につきささった。これを、首すじにでも受けたらたまらない。真っ赤に焼けた凶器だ。凶器はつぎつぎと、ツバメみたいに風を切ってくるのだった。直撃弾は落下音でおおよその見当がつくが、焼けトタンの不意討ちくらい、おそろしいものはない。

その八。火炎が家から家を突きぬけてゆく速度と音響は、この世のものとは思えぬほどの速さで、ものすごかった。火は空中に燃え上がるのではなくて、地上を水平にはしってゆく。火炎が窓からふき出て、つぎの家に跳躍したと思ったときには、ガラガラと柱がくずれ、天井と屋根とが燃えながら崩れ落ちる。向い側の銭湯の裏口からなだれこんだ火は、その全部の窓から赤い舌をのぞかせ、一本煙突が身もだえするようにゆれて見えた瞬間には、屋根がかたむき、おびただしい瓦《かわら》がなだれのように四散した。突風は、その瓦さえも空中高く舞いあげる。と、たちまち、右隣りの家の物干台が、ぐらぐらと関節がはずれ、一本ずつの火柱となって、烈風の中を泳いでいく。ふと見上げた空は、それら巨大な火の粉の急流だった。

その九。突如一機のB29が、赤紫の火炎の裂け目からあらわれた。とみるまに、なにやら、無数の光のかけらが……

「ふせろ!」

だれかが、さけんだ。

その声より早く、私は本能的に身をちぢめた。

あ、落ちてくる!

と、ただそれだけを思った。落下音の中心点から、夢中で走って逃れた。地上にふせて防禦姿勢をとるほどのゆとりはなかった。かろうじて、目を閉じただけだった。短い炸裂音《さくれつおん》とともに、閉じた瞼《まぶた》に光箭《こうせん》がつらぬいた。すぐ反射的に目を開いた。秒、という時間だったろう。ほんのまばたき一つするほどの間に、あたりの光景は一変していた。

その一〇。視界いっぱいに、光のかけらが……。火炎が垂直に天と地を結んでいるのは、目と鼻の先の電柱が、猛然と火を噴《ふ》いているのだと知れた。電柱にも、焼夷弾の一発が突きささったのだ。焼夷弾は加速度をつけて落下してくるから、ななめに風を切ってくる。

鉄の豪雨が降りそそいだのだ。

しかし、火炎の柱は、電柱だけではなかった。だれか、歩道のきわに火の塊となって、両手両足を振りながらコマのようにまわっている。断末魔《だんまつま》の人は、火をふりきろうと必死にもがいて暴れる。回転しているように見える。めらめらシュウシュウというすさまじい響きは、焼夷弾の飛沫《しぶき》を全面にあびて燃焼するそれだった。奇跡的に助かった幼女が、燃える人の横に棒立ちになっている。赤い色の防空頭巾をかぶっていた。四、五歳くらいに見えたが、それ以上のことはわからない。見たといっても、ほんの一瞬間で、さえぎられてしまった。

黒煙が地上ひくくはいずって流れ、そこここに赤い火炎が生きもののようにうごめき、のたうちまわっている。

東川豊子さんの記録
私の目にうつった光景は、一枚の赤いフィルターを通して見たような極彩色《ごくさいしき》の道と川と人であり、やがて空気まで炎の色を吸いこんだかと思えたが、それでも火炎でおおいつくされそうな空の一隅に、ところどころビロウドのような自然の闇空があった。そこにちかちかとまたたいているのは、火の粉ではない。火の粉なら、みな流れていく。

星だった。

星がまたたいている、と思ったとたんに、私は一瞬、目がさめるような気がした。火炎地獄にも、かぎりがある。いつかは、きっと火は消えるのだ。消えれば、朝がくるのだ。それまで、なんとかして逃げのび、生きぬかなくちゃ……と思う。

それに、もう一つ。焼夷弾の豪雨で、まわり中が林立する火の柱になったとき、私は本能的にひくく身をかがめて、地上すれすれの酸素をたよりにしながら、炎の隙間をくぐりぬけたのだが、すぐ横にひたひたとかぼそい足音を耳にした。さっきの赤い防空頭巾の幼女が追いかけてきたのかとふりかえったら、なんと、一匹の赤毛の犬だった。おびえたような目つきで走ってくる。それを見たとたんに、足のふるえがとまった。犬だって、けんめいに逃げていくんだ。人間様がオタオタしてはいられないぞ、と思い、妙に心強くなったのをおぼえている。

私たち一家は、持ち出した生活必需品と家具のすべてを、リヤカーごとうしなったが、奇跡的に生命だけは取りとめた。それだけでも、しあわせだったといってよいかもしれない。うしなった品物はあとでおぎないもつけられるが、人間の命ばかりは、二度とよみがえってくることはないからだ。たった一夜にして、どれだけたくさんの人が、いとしい肉親と生き別れになったことか。

夫をうしなった妻もいる。妻をうしなった夫もいる。子をなくした親に、親をなくした子どもと、昨日までのいとしい人間関係を無残に引きさかれた例はあまりにも多いが、いま私の心に残る記録を『東京大空襲・戦災誌』から紹介しながら、東京大空襲が戦争と直接的な関係のない非戦闘員＝一般市民に与えた傷痕の深さを確認したいと思う。


東川豊子さんは、浅草区(現在の台東区)三筋《みすじ》町二の二三に住み、当時一二歳。私と同年齢の少女である。ただし早生まれでなかったから、私よりも一学年下になり、浅草区三筋町の新堀国民学校の六年生で、宮城県刈田《かった》郡小原《おばら》村に学童疎開をしていた。

温泉地だったから、お湯は豊富でよかったが「食べ物はとぼしく、ごちそうの夢を毎晩見ていたし、食べ物をノートに書いては満足感(?)を味わった」少女が、春三月の卒業そして進学のため、八ヵ月をすごした村と下級生たちに別れを告げて、夜行で上野駅に降りたったのは、三月九日朝六時四五分のこと。

「空襲で焼けたなんていうけど、うそじゃない？　ちっとも変ってないじゃないのさ」

六年生六六名は、夢にまで見た父母の待つ東京にたどりついたうれしさのあまり、みんなワイワイガヤガヤ。やっとかえってきた、と豊子さんも胸のときめきをおさえることができない。

学校で、父兄を前にして、安井校長先生はいう。「せっかく疎開していた児童を、こういう時期にかえすのは賛成できなかったが、やむをえず方針にしたがうことになりました。空襲がますますひどくなるときに、お子さんをおかえしするんですから、くれぐれも空襲から身を守ってあげてください」

親と名がつくかぎり、子どもの身を守ることをおろそかにする者はいないが、校長先生は激化する空襲に不安を感じて、一言余分にそういわずにはいられなかったのだろう。それから、わずか十数時間後に、わが子の身を守ることさえも困難な状況になろうとは、校長先生はじめ、父母のだれ一人予想した者さえいなかったと思う。

豊子さんは、待ちに待った父母や姉弟たちと対面したその夜に、不気味なサイレンのうなりを耳にする。空襲は覚悟の上だったが、「胸がドキドキ、歯がガクガクした私は、真っ暗な中で、セーターをどうしても着ることができず、シャツの上からオーバーを着ました」と、しるしている。

それから一時、家族とともに防空壕に息をひそめていたが、やがて地響きたてて家がゆれだし、ガラスがわれ、向い側の家に焼夷弾が命中し、またたくまに火炎がとりつきはじめた。ぐずぐずしてはいられない。防空壕を出て避難することになったが、母親はあらかじめ用意していたのだろう。「これ、しょって」とリュックサックを豊子さんの背にしょわせた。

そこで豊子さんは、自分の荷物は、疎開先からとどいたままであるのを思い出して、二階へかけあがり、荷物の中から大事な衣類を妹さんにしょわせて、弟と妹の手をにぎって、父母、姉たちと、今朝がたついたばかりの母校へと逃げることになる。

ここで、豊子さんの一家をわかりやすく紹介すれば、魚屋さんの七人姉妹弟で、豊子さんの上に姉の和代さん(高等科二年生)、下には学童疎開中の妹さんを除いて、歌子さん(二年生)・栄一君(六歳)・富蔵君(四歳)・勝三郎君(一歳)ということになる。記録にはないが、直接うかがったところ、おかあさんは、四歳の富蔵君の手を引き、姉の和代さんが、いちばん小さな歩きはじめたばかりの勝三郎ちゃんを背中にしょっていたとのこと。豊子さんが手を引いて出たのは、妹歌子さんと弟の栄一君である。

もう周囲は、火の手があがっていました。あっちの道も、こっちの道も、逃げる人が走っていました。裏門から入った私たちは、西校舎に大勢の人たちと避難をしていたのです。そのとき私は、「家が焼けたらどうするの」と父に言いました。父は、「三《み》ノ輪《わ》の栄太郎(父の弟)のところか、千住《せんじゅ》へ行けばいいさ」と答えました。不安とおののき、だれもが感じたあのときのあの時間でした。

「火がまわったぞ」だれかが大声でどなっていました。西校舎に火が燃えうつってきたのです。校庭をとおりぬけて、私たちは、正門近くの手洗い場にいました。

「水がでないぞう。水がないとみんな死ぬぞう」警防団の勝山さんのおじさんが、大声でどなりながら、私たちのそばを通って、西校舎の方へ走って行きました。死ぬ、私たちは、ほんとうに死ぬのだろうか。不安と、おののきは、さらに強く私の胸にのしかかって来ました。

正門も、人のラッシュで、三つの門のうち、左側は、火がはいるということで、とびらがしまっていました。お隣の塚田さんのおばあさんが、リュックサックをしょって、おばさんが、三つの弘子ちゃんをおんぶして、人波の中にいるのを見ました。あの門にはいった人はみんな死んだと聞きました。私の着物を縫ってくれたおばあさん、働き者のおばさん、幼かった弘子ちゃんでした。人、人、人に押されて、入口近くにきたとき、学校の前の、善照寺が燃えているのをはっきり見ました。熱くて熱くて、前は火の海、後ろは人の海、身動きのできない、まさに、生き地獄でした。「うーん、苦しい」私は、父の背にしがみついて言いました。

「豊子、大丈夫かい」ふりかえっていった父の顔も、汗びっしょりでした。炎に照らされたあの父の顔が、私との最後だったのです。

どのくらいの時間がたったのでしょうか。

気がついたとき、私は、倒れた人たちの下敷きになり、あおむけになって倒れていました。妹の歌子が、腹ばいになって、倒れていました。すでに、火は、私の倒れた頭の上の下駄箱まで燃えていました。動くことも、起き上がることもできず、私は死を覚悟しました。ああ、死ぬのだ、と。そして、一人死ぬことがこわくなりました。そうだ、歌子と死のう、歌子といっしょなら、こわくない。そう思った私は、「歌子、いっしょに死のう」そう言いました。

「姉ちゃん待って。あたいもいっしょにいくう……」

妹のかなしい声を聞きながら、私は目をつぶりました。安らかな、安らかな、たとえようのない気持になりました。死がこわくなくなりました。人間は、死ぬときは、きっとあのような、すーっとした気持になるのだと思います。

しかし、私は、熱くて、熱くて、身体をもがきました。下駄箱を背にしていたおじさんが、「姉ちゃん、助けてくれよう、助けてくれよう」と、私のリュックサックをひっぱっていました。私の上で倒れた人たちは動こうともせず、倒れたままの人たちだったのです。手と足を夢中でもがいた私は、急に、身体が、すっぽり抜けたのです。火は倒れた人たちの上に移っていました。煙は視界をさえぎりました。私は「姉ちゃん、待って」という妹の手をひいて、倒れた人たちの上をはいながら、校舎の外に出ました。校舎の窓の全部は、紅く、入道雲のように炎を窓からはいていました。

一歩外に出ると、学校のまわりはすでにみな焼失していて、もうもうとうずまく煙に火の粉が飛びかい、右往左往する人たちで、ごったがえしている。級友の一人が「かあちゃん、かあちゃん」と、泣きながら学校の門の前を走っていくのを見れば、念仏をとなえながら、中腰になって、水にぬらした白米を頭からかけている女の人をも見る。気がおかしくなったのかもしれない。しかし、豊子さんの目もおかしく、こすればこするほど異物感が激しくなり、痛みがひどくなる。妹の歌子さんの手を引いて、強制疎開地あとの空地まででくると、助かった大勢の人たちがいて、そこに母と姉の和代さんと、弟の富蔵君が無事でいるのに出会った。

すすり泣く声、わめく声、さけぶ声が煙の中で入り乱れ、それはそれは、表現するには痛ましく、恐ろしい光景でもありました。私を見るなり、泣きながら、姉がいいました。

「豊子、勝坊が死んだのよ」そして、姉は「勝坊、ごめんね、ごめんね。あーん、勝坊は、私が殺した。私が殺した」と、弟の死体にすがって泣きました。「和代、いいんだよ、戦争で死んだんだから。おまえが殺したんじゃあない。おまえが殺したんじゃあない」と、母も泣きながら、姉をなぐさめていいました。

幼い三番目の弟の勝三郎は「熱いよ、熱いよ、マンマ、マンマ」と、姉の背で泣いたのだそうです。安らかな眠ったような顔の弟、声をかけたら、ぱっと、目をさますのではないかと思われる死に顔でした。

「父がいない、栄一も」「どこかにいるかもしれない」母は、声をかぎりに父と弟の名をよびました。

夜が明けました。

恐怖の一夜としかいいようのない夜が、明けたのです。死んだ弟を、母の背に、姉妹たちは、大勢の被災者と、西町学校(下谷《したや》区)へ行きました。見渡すかぎりの焼け野

三角屋根は地下鉄・浅草駅の入口

となった私たちの町でした。父がきているかもしれないと、望みを持って、家の焼け跡へいってみました。しかし、父も弟もいませんでした。弟の大好きだった三輪車が、焼けただれてありました。父の商売用のお皿のかけらがちらりと見えていました。

進学の夢も、学童疎開の思い出の品も、たった一夜で、灰になりました。西町国民学校で私たちは、白米のおにぎりをもらいました。命からがらやっと助かった人たちの顔が、今はおぼろに浮かぶだけです。死んだ弟の死体は、浅草の本願寺に置いてくることになりました。本願寺の前で、トラックの運転手さんにおにぎ

一夜あけた浅草地区，隅田川と駒形橋．左手前の

りをもらって食べました。運転手さんは、「気の毒に」といって、母に一〇円をくださったそうです。そのトラックは、焼死体を運ぶトラックだということでした。

「父がいたら、勝坊を、箱の中に入れてあげられたのに」

姉は、何回も、何回も、同じことをいいました。私のほどけたリュックサックの底に、栄一の大好きだったカスリの羽織と、私のゆかたが残っていました。それを、死んだ弟にかけてやりました。

それが、あのとき、弟にしてやることのできた、精いっぱいのことでした。

「勝坊、今度生まれてくるときは、戦争のないときに生まれておいで……」

私たちはそういって、弟の死体にわかれを告げました。一年七カ月の幼い命、短い命の弟でした。本願寺のお堂に、弟を置いてきた母は、「大勢の死体が並んでいたよ、生きているような死体もあったよ」そういっていました。何をいわれても何を聞いても、私の心はうつろで、生きていることがとっても信じられない状態でした。

それから、豊子さんたちは、何度かわが家の焼け跡にと、足を向ける。もしかして、こんどこそお父さんと栄一君がもどってきているかもしれない、もどってくるかもしれない。しかし、その期待もむなしく時間は経過し、わざわざ来てくれたのは、千住《せんじゅ》に住むお母さんの親せきだけだった。

一家は、まだもどってこない二人が、あとからかならず元気な姿を見せるだろうことを信じて、一足さきに、千住の家へ身を寄せることになった。焼け跡には、まだ消息のわからない家族や、あるいはたずねてくる親類など見舞い客のために、移転先や避難先をしるした木札を立てた。そんな目じるしのなにもないところは、一家全滅が多かった。豊子さんたちが、焼け跡をはなれて千住へむかうとき、近所の小森のおばさんは、「どこへいっても、私のことを忘れないでおくれ」と、声をあげて嗚咽《おえつ》する。身体障害児のいた小森さんは、火の海の家に、その子を置いて逃げたのだった。でなければ、あとの二人のおさない子を助けることができなかったからだった。

　都電の線路づたいに、千住へむかって歩きました。

　菊屋橋と合羽橋《かっぱばし》のところどころに、焼けただれた都電が、立往生しているのを見ました。大型トラックだけが、いそがしく走っていました。焼死体を運ぶトラックでした。

　浅草の本願寺の付近を歩いていくとき、私は「勝坊よ、さようなら、戦争が終ったら、また生まれておいでよね」本願寺の屋根を見ながら、そっと、心にいいました。

　春の日が沈んで、あたりが薄暗くなったとき、私たちは、やっと千住へ着きました。

　あの日から、とうとう父と弟の栄一は帰ってはきませんでした。母は、連日、父と弟の死体を、探して歩きましたが、どうしてもわからなかったということでした。

　秋田の祖母に、栄一が、「下駄がほしい」といったそうです。病身の祖母は、約束を果たさないまま、千住から、秋田に疎開をしました。栄一が死んだと聞いたとき、祖母は、「どうか栄一に下駄を買ってあげてくれ」と、母にたのんだのだそうです。

　墓石の下に母のいれた下駄を見たとき、私は、あの墓石の下で、祖母と栄一の約束が、果たされたことを知りました。また遺骨が三つなくてはならない石の下でもありました……

当時としてはめずらしく、幼稚園に弟はいっていました。浅草寿町にあったミクニ幼稚園がそれでした。みじかい生涯だった弟の幼稚園生活が、せめてものなぐさめだったように思えます。この姉の左手に、弟は握った右手のぬくもりを残していきました。あの下駄をはいて、友だちと、弟は、きっと、来世で遊んでいると思っています。

「豊子、大丈夫かい」といった父の顔が、今は、「豊子、あとをたのんだよ」といっているようにも思え、「大丈夫よ、安心して。私だけが、魚屋になって、あとをついだから」私は、父の最後の顔に、いつもそういうのです。

東川豊子さんの記録「倒れた人びとの下から」には三月一〇日の大空襲にさらされた一家の様子が、一二歳の少女の目から、あざやかに描き出されている。大勢のおさない子どもたちとともに、火の海の中に取りのこされた父親の気持は、どんなだっただろう。汗びっしょりの顔で「豊子、大丈夫かい?」と聞く一言に、万感の思いがこもっている。この時代を生きた父母たちの胸中は、どれほどせつなかったか、と、自分が父親になって、一二歳のわが子の顔を見るとき、しみじみと感じないではいられない。

まだ一歳七カ月の弟を背中におぶって逃げた和代姉さんは、国民学校高等科二年生ということだったが、聞けば豊子さんとは年子のお姉さんで、早生《はやう》まれだったから学年が二年離れたが、当時一三歳だった。そんな年齢でも、弟を背に逃げなければならない。その弟の死体にすがって泣く少女の熱い涙は、「戦争が終ったら、また生まれておいでよね」という筆者のつぶやきへと結びつく。戦争中に生まれてきたのが、「勝坊」の悲痛な運命だったのか。でも、その戦争は天災ではなくて、人間がはじめ、人間の手になるところの〝人災〟のはずなのに。……

三月九日早朝、宮城県小原村から帰京した六年生六六名のうち、一三名の少年少女の生命が奪われた。

これら六年生の中には、東京にかえる寸前に発熱し、三八度をこえる熱にうなされながらも、両親の顔を見たさの一念で、番頭さんの背におぶさりながら、九キロの雪の道をあるいて駅にたどりついた少女もいる。その子も、ようやくわが家の敷居をふんで、両親のあたたかい手にむかえられたその夜に、空襲の業火《ごうか》に散った。

「敦子よ、涼子よ、輝一よ」

墨田電話局は、当時、本所区(現在の墨田区)石原町三一一にあったが、三月九日には、一六、七歳の交換手三二名と、男子職員九名とが夜勤していた。たとえどんなことがあろうとも、「死んでもブレスト(送話器)

をはずすな」というのが少女たちの合言葉で、国民学校高等科を出たばかりの一四歳の見習い嬢三人も、練習台で応答のけいこをやっていた。局は、昼夜わかたずの勤務体制になっていた。

やがて火の手が接近し、局の東側から燃え出した。交換室のある二階は、三方から火にかこまれた。二階の休憩室には直撃弾が落下して、ホースを二階まで引き上げたが、水圧が低くて水が出ない。それでも、少女たちは必死に交換台を守り、プラグを押しつづけた。しかし、この作業が意味をうしなったのは、加入者回線が焼失したためである。

すでに火の手はまわっていた。主事《しゅじ》は防衛本部のある中央電話局に最後の連絡報告をして、「これを最後に退避します」とさけんだ。

少女たちは、全員が一階の玄関ホールにあつまった。しかし、表の三ッ目通りは火炎の流れで、みな立ちすくんだまま。ぐずぐずしていれば、このまま火の犠牲になると判断した松本三郎主事は、少女たちに火よけの毛布を一枚あて手渡して、

「風下の南へ!」

とさけび、年下の交換手から順に、一人ずつの肩をたたき、はげまして送り出した。

しかし時すでにおそく、走り去ったのは最初の四人だけで、あとは局を走り出て物陰に

身をふせたものの、火炎に退路を断たれ、火の粉に追われてふたたび局内にもどり、まだ火のまわっていない機械修繕室へとよりかたまって、逃げこんだ。火の手は、そこまで襲いかかってきた。津波のような火炎が押しよせてきて、少女たちはおりかさなって焼死した。上の方の者はなかば白骨となり、そのほとんどは五体をとどめることなく、灰のように焼けくずれていた。ガマロの金具の数で二八体であることが判明し、どこのだれやら確認できない焼死体は、軍がひとまとめにトラックで運び去った……と『朝日新聞』(昭和三〇年一〇月二〇日)と『東京の電話』が、その痛惜の記録をとどめている。

ガマロの金具で、遺体数を算出したというのは、こんにちの常識では考えられないが、火炎によって地表の温度は急上昇し、空気はすべて白熱化し、焼き殺された死体は、炭のようになってしまう。人間としての原型さえ失われた遺体数は、ガマロの金具ばかりでなくて、鉄カブトや、ボタンなどで割り出すよりほかになかった。鉄カブトを二個かぶった人はいないはずだから、一個で一体とし、ボタンは一体について五個かぎり、という具合にである。

しかし、少女たちが肌身につけていたガマロの金具だけ残ったというのは、なんとも悲しくてやりきれない。

つぎに、一人の母親のせつせつたる記録へと、目をうつすことにしよう。

連日連夜まどろむことさえ許されない日が続く。きのうも夕方から警報が出た。夕方おふろを途中できりあげて帰ってきたせいか寒さが一段と身にしみる。暗い灯の下で、せいいっぱい薄くのばした〝おかゆ〟に、ふりかけをかけただけの夕飯をすませ、ああ、どうぞ今夜も無事でありますようにと、いつか祈っている。このごろは一日一日が、ぎりぎりの断崖を歩くようにせつなくつらい。

と最初に書きだした森川寿美子《すみこ》さんは、当時二四歳になる主婦で、本所区東駒形《ひがしこまがた》四―三二に、ご主人が出征された留守家庭を守っていた。お子さんが三人、輝一君(四歳)と、敦子《あつこ》ちゃん涼子ちゃん(どちらも八カ月)の、双子の赤ちゃん。一人の赤んぼうでも母親は育児におわれ目もつり上がるのに、男手なしに、連日連夜の空襲下を母子四人だけで生きぬくことは、どんなに心細く、せつないことか。

しかし、やはり、今夜も空襲警報のサイレンが不気味になりひびいた。断続的になる音は、若い母親の背すじに、つめたくつたわる。窓ガラスをゆする北風の音ははげしく、こんな夜に爆弾や焼夷弾が落されて火災がおきたら大変なことになる、と思っているうちに、またたくまに闇の彼方が真っ赤にそまった。火点はあちこちからいっせいにひろがり、いちだんと空が赤くなっていくようだ。

急に、近所となりがさわがしくなった。北風もこれ見よがしに、勢いをました。いつもとちがう！　寿美子さんは、とっさに感じて、無事におさまりそうもない時がきてしまったことに狼狽《ろうばい》する。

寿美子さんは、手ばやく逃げじたくをはじめた。自分一人なら、どうにでもなるが、三人の幼な子たちを守りぬかなければならない。しかも、そのうちの二人は、まだ歩くことさえもできないのだ。「落ちつこう、しっかりしようと自分の心にいい聞かせながら」も、母親の身はふるえてくる。

窓の暗幕が、風でふっとんだ。家の中は、フラッシュをたいたように明るくなった。さあ、逃げるのだ。子どもたちの必需品をあれもこれもと風呂敷につつむ。家の前の通りに、車の音や、足音や、たがいの名をよびあう声が突風にとび散る。いつも元気に「おかあちゃん、僕がついてるから安心ね」と強がりをいっていた輝一君も、恐怖のあまり、彼女の腰にからみついて離れない。寿美子さんは、輝一君に着せられるだけのものを着せて、敦子ちゃんと涼子ちゃんを二人いっぺんにおぶおうとしたが、「心のせく手は思うようにいかない」。やむなく一人をおぶい一人を抱きしめ、首に風呂敷包みを結んで、輝一君の手をしっかりとつかみ、外へ。

外の風はもう言葉にならない強さで吹きまくっている。人びとのもち出したふとんは、木の葉のように飛んでゆく。まりのように転がったまま起き上がれない子どももいる。その中を狂気のように、人びとはわれさきに逃げていく。私はどうしたらいいのだろう。近所の人たちはもうだれもいない。私が子どもの用意をしている間にみんな逃げてしまったらしい。いつも森川さんをおいて逃げるようなことしないわよ、といってくれていた近所の人たちも、この夜ばかりは、自分のこと以外考えられなかったのでしょう。

それでも、おとなりの林さんが、こちらにむかって走ってくるのが見えた。林さんは、寿美子さん一家を案じて、わざわざもどってきてくれたのだ。そうして避難場所の横川公園にたどりつくと、すでに大勢の人たちが荷物を運びこんで、足のふみ場もないほど。ここで寿美子さんは、林さんに手伝ってもらい、双子の赤ちゃんを二人とも背負った。

やがて、火の粉まじりの烈風がおしよせてきて、公園は火炎につつまれた。もうにげ道はない。にげるのは火炎帯をつっきらなければならず、そうすることは、みすみす火のえじきになるようなもの。火の粉をふせぎながら一歩ずつ後じさりし、とうとう公園の隅にあるプールまでおいつめられてしまった。

プールは、夏の子どもたちの施設というよりも、防火のための貯水槽である。火をふせいでくれる水は、ここだけしかない。すでにあたり一面は火の海。プールの水も、みな鉄カブトなどでくみ出し、火の粉のまといつく身体にふりかけているうちに、だんだんとすくなくなり、かがんでも手のとどかないほどの水位になってしまった。

寿美子さんは、とっさに考えた。ぐずぐずしていれば、水もかぶれなくなって、焼け死ぬよりほかにない。一刻を惜しめば、プールは満員の銭湯のようになってしまって、子どもづれのはいる隙間はなくなってしまう。もうためらってはいられない。寿美子さんは、思いきって、水中へ身を投じた。林さんが、三人の子どもをかかえて、あとにつづいた。

しかし、その夜の寒気はするどく、五〇年ぶりの異常な寒さといわれており、横丁の防火用水にはみな厚い氷がはりつめていたから、水温は氷点に近く、いかに熱風が吹きつけたとはいえ、ところどころ薄氷さえ浮いていたのではないかと思う。

プールは、つぎつぎと飛びこむ人たちで埋まり、たちまち身動きできぬほどの状態になる。おさない輝一君は、なぜ水に入れられたのかも理解できず、「おかあちゃん、僕、おとなしくするから、ごめんなさい」と泣きつづけたが、もうどうすることもできない。火の手は、ついに三階建ての小学校にうつった。横川国民学校が、猛火につつまれた。

ああ、火の粉は、私たちの頭の上から落ちてくる。学校に燃えうつった火は、まるでプールの中の私たちのさけびをあざ笑うように、容赦《ようしゃ》なくふりかかってくる。

「おかあちゃん、熱いよ、おじいちゃんの所へいこうよ」

「輝一、もうどうしようもないのよ、もうすぐ燃え落ちるまでがまんしてね」

「うん」

力なくうなずいて泣く輝一を抱きしめて、私もあふれる涙をぬぐうこともできないのです。背中の子たちはこの煙と熱さに、さっきまでの力もなくなったのでしょう、ときどき小さな泣き声を出すばかりです。

ああ、どうすればいいのだろう。どうしてやりようもない。私はあつい地獄の火の中で、背すじのつめたくなるのを感じました。かわいそうな子どもたち、こうして苦しみながら死んでいくのにおろしてやることもできない。何というむごさであろう。

ああ、もうだめだ、二人は小さな身体で、最後の力をふりしぼって私に訴えているのであろう、小さな足が私の腰をけっている。ごめんなさい、ごめんなさい。敦子、涼子。さぞこの母がうらめしかろう。私は一瞬この火の海の中で、輝一もいっしょに親子そろって死んだほうが、どんなに楽だろうかと思った。そのとき輝一が、「おかあちゃん、熱いよ、赤ちゃん、熱いだろうね、だいじょうぶ？」と声をかけてきた。私はぎょっとした。

「輝一、だいじょうぶ、赤ちゃんおとなしくしているから、ぼくは男だもの、もうちょっとがまんしてね」

「うん、赤ちゃんだいじょうぶならいいんだ。どこへもやらないでね……」

輝一は苦しげに私に訴えている。力もつき果てそうな私に、輝一の声は神の声にも聞えたのです。

私には、輝一がいる。この子を何としても助けよう。学校にうつった火の手は、もう目もあけられぬほど、私たちの頭の上におそってくる。もしこのプールにとび込むのがもう少しおそかったら、私と子どもはすでに焼けただれていたことだろう。身動きもできぬ人たちはおたがいにおとうさん、おかあさん、○○ちゃん、××子と肉親の名をよびあっている。私にはだれもいない。林さんの姿も私の目に、はいらなくなってしまった。すがるべき人はだれもいないのだ。二人の子はもうすでに死んでいる。

背中で重くなった敦子、涼子の小さな身体が、私の肩にくいいるように感じられる。そしてもう一人、私の手の中でだんだん弱まっていく輝一は、すでに意識もさだかでないのだろうか。

「輝一、しっかり。眠らないで、もう少しよ。輝一、輝一、おかあちゃんおいて行かないで」

私は輝一の意識を呼びもどそうと、声をかぎりによびつづける。この子を死なしてどうしよう。輝一だけは助けよう。私の姿は、さながら狂女のようであったろう。火の手は弱まることを知らぬように、ますます大きくうなりを立てて落ちてくる。私は輝一を焼くまいと、輝一の顔へ自分の身をかぶせるようにして火を防ぐけれど、苦しく、熱く、ときに私自身ふうっと眠くなるような気持になってくる。今眠ったら大変だ。こんなとき眠くなるのは一番あぶないことだ、とずいぶん昔だれかに聞いたことをふと思い出して、私はまたも、輝一、輝一と呼びかけるのです。ああ、もうだめだ、こんな大きな学校が焼け落ちるまで、身動きもできない苦しさの中で耐えられるかしら。もうしかたない、心の底からあきらめに似た気持が湧いてきたとき、また輝一が、

「おかあちゃん、僕おとうちゃんに会いたいよ」

とつぶやくように言った。

「輝一、がんばろう、もうすぐみんなに会えるのよ。おとうちゃんにも会えるからね。がまんして、輝一、輝一」

と落ちてくる火の粉をふせぎながら、私はもう一度、輝一をはげしくゆすったのです。けれど輝一は「赤ちゃんは大丈夫？」とつぶやいたきり眠りに落ちていきました。

ああ、この火はいつおさまるのだろう、おそろしいこの地獄の苦しみはいく時間つづいたのだろう。三月はじめの夜明けといえば、六時をまわっていると思う。いつか火も弱まり明るくなってきたとき、私はぬけがらのような自分に気づきました。

そしてこの目で見た一晩の苦しみは、いく百人かの死体と、あまりにも変り果てたあたりの様子だったのです。ぎっしりつめこまれたようにプールにはいった人たちは、命長らえた人も気の狂ったまま、ただぼう然と立ったままの人も大勢いました。また、その人を助けあげる力も、すべての人はなくしていました。見るも無惨とはこのことをいうのでしょう。私もなんの考えも浮かばない。でもこの手の中には輝一がいる。このおさない身体に、一夜の苦しみはあまりにも重く耐えきれなかったのでしょう。唇は、もうすでに死んだように黒くなっている。

やっとプールからはい出た。ぬれた身に吹きつける北風は輝一の身体を固くしていきます。私は寸時もおくれてはいられない。でもどうしたらいいのだろう。くずれそうになる心をふり切って、背中の二人をおろしました。小さな手は母の肩につかまって、なかなか離れない。家を出るとき着せた菊の花模様の着物の胸に住所、姓名の名札までつけて、いつもおとなしく眠っているときのように、二人ならんで死んでいる。

私は、二人の上におおいかぶさって、泣きました。ごめんなさい。ごめんなさい。私はただこれしかいえないのです。輝一はますます唇を固くかみしめて行く。小さな二人は、もうすでに手のつけようがないのだ。今は、なんとしても輝一を助けなければ。……

輝一君を抱きしめ、あらんかぎりの声でその名をよびつづける寿美子さんの目に、視察にやってきた警察官の姿がうつる。警察官はサッポロビール工場の庭に臨時の救護所があるからそこへ早くつれていくように、という。けれども、二人の赤ちゃんをどうしたものだろう。すでにつめたくなった子どもたちだが、吹きさらしの下に置きざりにするのは悲しく、寿美子さんは林さんと一緒に、ようやく朝日のさしてきた場所につめたい二体をうつしかえ、焼けこげ水につかったネンネコをかけてやった。

うしろ髪を引かれる思いで公園を出れば、路上は死体の山。男女の区別もなく真っ黒になって、人形を焼きころがしたように散乱している。寿美子さんは、その死体のあいだをぬって、焼けた道をはだしのまま、よろよろと歩いて、警察官が指示した救護所にたどりついたが、医者はいなかった。もうこれ以上歩く力も気力もおとろえて、その場にくずれ、意識が遠のきかけたときに、知り合いのおばさんに頬をたたかれ、源森橋《げんもりばし》のそばの斉藤さんの家が焼け残っているので、そこへ一度いってから医者をさがそう、とすすめられる。おばさんに支えられて、寿美子さんは背中の輝一君をゆすりあげるように、またまた焼け跡の道をあえいでいった。やっとの思いで、焼けのこりの家にたどりついた。

　せまい家の中には、大勢の人がぬけがらのような顔で逃げてきている。ぬれた服を脱がせ、かわいたのを一枚貸してもらいました。斉藤さんの好意でふとんもいただき、つめたく固くなっている輝一をくるみ、私はしっかり抱きしめ、摩擦《まさつ》をはじめました。もう疲れも何もありません。なんとか助けよう、どうしてもと、無我夢中でした。だれか覚えていないけれど、熱いお茶を手渡してくれました。私は口うつしに、輝一の口に少しいれてやりました。初めちょっと苦しそうでした。でも、輝一は、「ううっ」と飲みくだしました。ああ、輝一はだいじょうぶ死にはしない。輝一がんばろう。

私はうわごとのように呼びかけながら、摩擦をしたのです。せめて私の身体の温かみを少しでもあの子にうつせるものならと、私は自分の肌に直接輝一をくっつけて、手を足をこすりました。

でも、輝一は最後の力をふりしぼったのでしょう。薄く目をあけ、小さな声で、「おかあちゃん」とただそれだけいってもう息をしなくなりました。

「輝一、輝ちゃん、もう一度目をあけて、死なないで、だめよ、だめよ」

私は輝一におおいかぶさったまま、何もかも終ってしまった、もうなにもないと思ったまま、何かに引きずりこまれるようにわからなくなりました。

森川寿美子さんの記録「敦子よ涼子よ輝一よ」から、少し長く引用させてもらった。

七年ほど前、「東京空襲を記録する会」の事務局で、この応募原稿を最初に手にし、読んだとき、私はこみあげてくる涙をおさえることができなかった。たまたま『東京大空襲・戦災誌』の三月一〇日篇の編集担当だったので、なんとかして、全文を採ろうときめた。私は、森川さんの記録に、いたく心をゆすぶられたのである。

書くほうも、どれだけつらかったかしれないが、読むほうもつらかった。それほどなまなましく、三月一〇日の悲劇が胸にささりこんでくる。戦争がどれほど残虐で、非人間的なものかを、この記録は語りつくしているのではないかと思う。

「あと何年かたって、日本中が戦争を知らない世代ばかりになったとき、あの子たちの死んだことが、だれの心にも残らなかったとしたら、母として子どもたちにすまない気がして書きました」

と、原稿にそえられた手紙にしたためてあったが、さらにその文面によれば、寿美子さんが、この記録のペンをとったのは、三月一〇日の翌年(昭和二一年)の一周忌で、墓まいりから帰宅し、どうしても〃あの夜〃のことを書き残しておきたくて、亡き子らに話しかけるような気持でノートに書いたものだという。

家が近いので、直接おたずねして、それらのノートを見せてもらったが、非常に克明な記録だった。ページをくりながら、あらためて読みかえすうち、ふと気になるくだりがあって、私はぶしつけな質問をした。

「避難する際に、二人の赤ちゃんをいっぺんにおぶおうとしたとありますが、はたして、そんなことができるのでしょうか」

「ええ、まあ……」

寿美子さんは、静かに微笑《ほほえ》んだ。

「一人の赤んぼうさえ、最初はだれかに手伝ってもらわないと、なかなかうまくしょえないものですが……」

「訓練でしょうね。いざという時にそなえて、何度も何度も練習しましたから」

「当時のおかあさんは、そういう練習もしなくちゃいけなかったのですね」

「だって、一人背中におぶっても、あと二人いますものね。なのに人間の手は二本きり。両手をふさがれてしまったら、なにかあぶないものが飛んできても、よけることができませんものね。ところが、あの夜ばかりは、何回やってもうまくいきませんでした。手が、ふるえてしまって……」

寿美子さんは、そういって、〝炎の夜〟を思い出してか沈黙し、目をふせた。私は、残酷なことを聞いてしまったかという反省に、思わず口をつぐんだ。

寿美子さんは、三人の愛児をうしなったばかりではない。その傷心の癒《い》えぬうちに、五月の山の手空襲で、実家の両親をも亡くしている。わずか二カ月ばかりのあいだに、かけがえのない五人の肉親を奪われたのだ。「きのうまで団欒《まど》いし家も吾子《わがこ》なく　何故《なにゆえ》生きるうつろなる身よ」の一首は、その当座の、この人の実感だったかもしれない。寿美子さんの〝あの夜〟の火傷《やけど》のあとは、おそらく戦後の歳月とともに薄らいできただろう。しかし、心の傷ばかりは永遠に消えることなく、今もなおうずきつづけているのではないか。

私の住んでいた向島区は、被害規模からいえば、本所区、深川区、浅草区、城東区につづく第五位になるが、それでもたった一夜にして、焼失面積は五七パーセントに達した。三月一〇日前には三万八〇〇〇所帯一四万人の人口が、空襲後には一万九〇〇〇所帯の七万人と半減した。

「川は死体のたまり場じゃった」

しかし、私たち一家は、かろうじて区内にとどまることができた。わが家は、壁一つへだてたとなりまで焼失したものの、どういう風の吹きまわしか、うまくとり残されたからだ。

もっとも、つぎの五月の空襲で、ふたたび危機に見舞われ、玄関先を残すだけのあわれな住居に一変するのだが、それまでの間は親せきや知人の罹災者で、せまい家の中がごったがえしたものである。

三月一〇日の夜おそく、この焼けのこりの家を目指して、幽霊のようにふらふらとたどりついたのは、すぐ近くの寺島広小路《ひろこうじ》の横丁で、ガラス商を営んでいた祖父である。私は寝ていた。生死の境を脱出してきた緊張と疲労とで、おそらく、死んだみたいに熟睡していたのだろう。何度か肩をゆすぶられた後、耳もとにささやくような声がきこえて、はっと目がさめた。

「なんだ、B公か」

がばとはね起きた。夜中に起されるのは空襲と決っていたが、

「B公じゃないよ。おじいちゃんがきたんだよ」

だから、おまえのふとんを貸してやりな、と姉がいう。

わが家の二階の窓から見て、寺島広小路付近は一物も残さぬ焼土だったから、祖父母のガラス店も今はなく、したがって老夫妻がわが家に身をよせてくるのは、当然のことだった。それが祖父一人きりと知って、私は不吉な予感を覚え、階下へ降りていった。

玄関口に続いた茶の間には、ろうそく一本の照明をたよりにして、練炭火鉢《れんたんひばち》をかこんだ人影があった。灯火管制ではない。送電線が焼き切れて、電気も流れてこないのだ。みなありったけの衣類を重ねあわせて、一塊ずつのボロがうずくまっているように見えたが、父の横で、赤い火元に前のめりになっていたボロ屑の山が、ゴソと動いた。

私は、息をのんだ。

こげ穴だらけの毛布の隙間からのぞいた顔は、額《ひたい》からほおにかけて、焼けただれた肉が、むっくりとふくれあがっている。火傷のあとだ。それも血の気のまったくない紫色で、よ

く雑誌のさし絵などで見たお岩様の形相《ぎょうそう》そのものだった。

柱時計が、祖父の頭上でコチコチ……と時を刻んでいる。天井ちかくに吸いついていたので、うっかり忘れて、リヤカーに積みのこしたその時計の秒針が妙に大きくなりひびく。ろうそくの灯にむかって、ぽつりぽつりとはきだす口調は、重苦しくのろわしく、釘でも打ちこむように、私の耳にくいこんでくる。

祖父は、猛火の中でつれあいを見失ったらしい。そのことには、触れたがらなかった。道ばたでひろった自転車に飛びのって、火の粉をかきわけながら走り、水をもとめて川へついた。川には橋があった。橋は最初のうち、かんたんに渡れそうに見えたが、まもなく「ひどいこと」になった。というのは、両岸の人たちが、どちらもここにいては危険と考え、川のむこう岸までいけば助かるだろうと判断し、同時に両側からどっと一本の橋に殺到したからである。

橋上の群衆は、から身の者はなく荷物だらけで、リヤカーに荷車に、背中にしょったり、両手に持ったり、ひきずったりで、その一つ一つに火の粉がついて、みな火点となった。空気は白熱化し、あぶないと思った一瞬間に、火が橋を渡った。

「浅草側から、向島側へ、突きぬけたのじゃ……」

ここでようやく、祖父の逃げた橋が言問橋《ことといばし》で、自転車をほうり捨てて飛びこんだ川が、隅田川《すみだがわ》だと知れた。

しかし、川の中もまた、橋上の火炎地獄と変るものではなかった。火のかわりに、刺すような冷水が、人びとをつぎつぎとのみこんだ。必死にもがく人びとは、流されてくる小舟にむらがってしがみつき、あるいは多少とも泳げる者を目がけて、手といわず、足といわず、髪の毛にまでとりすがる。

「ひどかった。そりゃもう、話のほかじゃった」

祖父は、咳《せ》きこみながらひくくうめいた。

「なんとかかんとか、山谷堀《さんやぼり》の浅瀬まで泳いだが、川は川でなかった。……死体のたまり場じゃった。浅瀬の岸壁まできたが、うかつには歩けんぞ。足の下でポキポキと骨がなるからな。子どもの肋骨《ろっこつ》か。それでも、生きのこった女たちがいた。おじいちゃんに続いて、岸壁をはいあがってきた。みな子どもを背にしょってな。女たちはしかし、たいていはその場で気がふれた。子どもがみな死んでいてな」

「……」

「それはそうじゃろう。火が消えるまで、どっぷりと川につかっていたが、母親のほうは水から顔だけ出していても、背の子どもはずり落ちて、鼻も口も水の下になる。とっくに死んでおったのだ。すると、母親たちは子どもを抱きかかえたまま、つぎつぎと力つきてたおれていった」

「……」

「ああ、こんなむごい目にあうのなら、死んだほうがましというものじゃ。そう思ったとたんに、頭がかすんで、なにもかもわからなくなってしもうた」

……気がついたとき、祖父はビルの地下の臨時の救護所の床に、寝かせられていたという。

私は、それっきり目が冴《さ》えてしまって、容易に寝つかれなかった。おそろしいことを聞いてしまったと思う。でも祖父はまだ生きてもどれたからよかったが、おばあちゃんは、どうしただろう。もしかして、焼け跡をさまよいながら、わが家にむかって歩いてくるところではないか。

窓を開けてみた。

瓦礫《がれき》の海原は、闇ではなかった。おびただしい無数の光芒《こうぼう》を目の前にして、私は、息の根がとまるほどおどろいた。赤い火、橙色《だいだいいろ》の火、青白い火が、漁火《いさりび》のようにぼうぼうと燃

えて、闇に浮いている。焦土にくすぶる残り火だった。町は巨大な燠《おき》に変ったのだ。青白い炎は、ガス管の火か、人体からたゆとう燐《りん》か。北風がひょうひょうとうなって、折り重なった焼けトタンが、荒涼とした響きでなる。

つい昨日まで、ここには家並みがあった。それぞれの空間をちいさく仕切って、人びとは笑いながら、ときには怒ったり、嘆いたりしながら、肩をよせあうようにして生活していたのに、なにもかもすべて灰になってしまった。一軒として同じでないはずのそれぞれの家庭は、見るも無残に消えてしまったのだ。

なんだか、悪い夢でも見ているような気

隅田川の当時(左)と現在(右)

がしてならず、私は、細めに開いたガラス窓の隙間から、闇の空間にきらめく残り火に、いつまでもいつまでも目をそそいでいた。

祖父が欄干《らんかん》から身を躍らせたという言問橋は、真っ黒こげの焼死体でうずまり、橋上の火事嵐がもたらしたのだろう、架線にまで宙吊りになった子どもの死体があった、と現場をとおりかかった父は語る。

隅田川もまた、場所によっては、ほとんど水面が見えないくらいに、焼死体、水死体、溺死体でうずまっていた。男も女も、みな貴重品を大事そうに腰に巻きつけたり、鞄にいれて肩からさげたり、そうかと思うと、わが子をおぶった警防団員姿の水死体も、つめたい水にぴたぴたと洗われているとのこと。

その隅田川をくだっていって、新大橋に近い日本橋浜町《はまちょう》の明治座では、一〇〇〇人近い人たちがむし焼きになって、さながら人間焼却炉のようだった……などという話をきくたびに、私は恐怖に胸がおののき、うつろな目で肩をちぢめるのだった。

隅田川はもちろんのこと、言問橋も明治座も、それほど遠くはない。学校も工場も焼けてしまったから、時間はたっぷりあって、歩いていけないことはなかったが、できることなら、家の中にじっとしていたいと思う。私は、死体を見るのがおそろしくてならなかった。もうたくさん、まっぴらごめんだ、といいたい。

炎の夜が明けた残煙だらけの焼土で、私は、丸太のような死体や、タドンのような頭を、いくつも見ていた。まだジブジブとくすぶっているのもあった。一片の炭となったわが子を抱きしめている若い母親らしい死体も、見た。丸い頭部の前面に、二つの目と口だけがぽっかりと開いているだけで、耳もなかった。耳の位置には、鍵穴のような穴があるのにすぎない。頭の部分は燃えつきて、腹部だけが紫色の煙を、ほそぼそと宙に引いていた。

つぎの焼死体は、貯水槽の中に、すっぽりとはいってうずくまっていた。上体は黒こげで、またまたタドンのような頭なのだが、下半身は焼けていなかった。地下足袋《じかたび》をはいて膝を折ってうずくまっている。水は灼熱《しゃくねつ》の温度で蒸発してしまったのだろう。水のあった部分だけは焼けずに残って、コンクリートの貯水槽にすがった片手は、骨だけになっていた。

私の目は煙と煤《すす》とでもうろうとしていたが、それでも最初の焼死体を見たとたん、眼球がぐにゃりとゆがんでしまって、もとに戻らないかのようだった。そのゆがみは、まだなおらない。だから、家にこもりきりでいたいというのは、わがままの内にはいるのだろうか。というのは、父は好むと好まざるとにかかわらず、手あたりしだいに、死体を確認しなければならなかったからである。まだ、おばあちゃんが戻ってこないのだ。無事に生きのびて元気でいるとすれば、かならず、わが家にたどりつくはずである。その姿が見えない以上、祖母の足がむいたと思われる距離の半径をたどって、臨時の救護所から避難所から、道ばたに散乱する焼死体にまで、気をくばらなければならないことになる。

その調査活動は、もちろん一人よりか、二人のほうがよいに決っていたが、父は玄関先でゲートルを固めに脚にまきつけ、鉄カブトと救急袋を背にして、一人ぽつんと大海原のような果てしもない焼土へ出かけていくのだった。火傷だらけの祖父は、寝ついたきりだった。あたりが薄暗くなって、焼土をわたる北風がうなりを上げて闇を運んでくる時刻に、その闇にとけこみそうな暗い顔で、悄然《しょうぜん》と父は帰宅する。

「どこもかしこも、死体だらけだ。一〇万死んだか、二〇万死んだか……。もう、話にもならんよ」

吸いかけのみじかい煙草を取り出し、箸《はし》の先につまんでふかぶかと吸いながら、ひくく、うめくようにつづけるのだった。

祖母の消息をもとめてたどりついた本所の堤防ぞいの道路には、コンクリートの路上を走った人びとの足跡が、印で押したように無数にしるされていたという。みな裸足《はだし》の足跡だった。小さいのもあれば、大きいのもある。子どもも大人も、灼熱状態となった路上に水を求めて走ったのだろう。その脂肪がしみついて、消えることなく運河へむかっている。

また焼け跡の道ばたに、むしろをかぶった死体があった。むしろの下から、赤い別珍《べっちん》の足袋《たび》が二つ、にゅっとつき出していて、すぐそばに風で飛ばないように、小石をのせた紙片が一枚。——娘です、本日午後×時までに引きとりにきますので、このままにしておいてください、父。そして、住所氏名がしるされていたとのこと。

その死体の頭のあたりに、小粒のリンゴが一つそえてあったとやら。

またさらに歩いて、国民学校らしい鉄筋コンクリートの建物の前で、父は足をとめた。一面の黒いしみあとで被いつくされた講堂前の、まだ片づけられぬ焼死体は、大人と子ども二体だったが、注意ぶかく見ると母子らしい。髪の毛はきれいに焼けてしまったが、母と思える人の両足のつけねに、焼けこげたモンペの一部分がのこっている。鉄扉の前にぴたりとはりついたままだったが、ふと気がつくと、おさない子どもは、小さな両手で両目をふさいだまま、黒こげになっていたという。

その時は何気なく耳にとめた父の目撃談だったが、後になって、戦後の時間が積みかさねられるにしたがって私は、小さな両手で両目をふさいでいたという幼児の焼死体のことが、なぜか妙に気になってしかたがなかった。父は戦争中の疲労の重さに、戦後四年目でこの世を去ったが、父がのこしてくれた一つのエピソードは、戦後の私の生きかたに結びつくほどの強烈な印象となって、ひた押しにせまってきたのである。

小さな子どもは、なぜ両目をふさいだまま死んだのだろう。

私は、その先に思いを寄せる。

母は、わが子の手をひいて、必死ににげてきた。その先に学校があった。講堂があった。鉄扉をたたいた。それこそ、死にもの狂いで乱打したことだろう。

母の声はかすれ、目はつりあがる。炎の波は大きなうねりとなって、火玉をまき散らしながら押しよせてくる。母の髪もぱちぱちと音を立てて燃え出し、子どもは熱風と恐怖に泣きさけび、さかんに暴れたかもしれない。火を見ちゃいけない、目をふさいでじっとこらえるんだよ、と母はさけび、両手で両目をかたくふさいだ幼な子とともに、一人の母は、やがて親子もろとも薪《たきぎ》のように燃えつきてしまったのではないか。……

一〇万人が一晩で死んだ

三月一一日の新聞は、いつものように表裏二面だけのペラ一枚だったが、それでも派手《はで》な活字で「B29一三〇機帝都来襲、戦力蓄積支障なし」の大見出しからはじまった。

大本営発表(昭和二〇年三月一〇日一二時) 本三月一〇日零時過より二時四〇分の間、B29約一三〇機、主力をもって帝都に来襲、市街地を盲爆せり
右盲爆により都内各所に火災を生じたるも、宮内省主馬寮《しゆめりよう》は二時三五分、其の他は八時頃迄に鎮火せり
現在迄に判明せる戦果次の如し
撃墜　一五機　　損害を与えたるもの　約五〇機
＊

去る四日以来最近夜間数次にわたる多数機の来襲は夜間大挙空襲の兆《きざし》を濃化しつつあったが、敵は九日深夜より暁間にかけてその最初の大規模なる夜間爆撃を実施した。すなわち敵機はまず少数機をもってわが電波探知機の妨害を図り次で主力の単機毎に三〇〇〇乃至《ないし》四〇〇〇メートル最も低きは一〇〇〇メートルの超低空をもって帝都に侵入、焼夷弾に依る市街地盲爆を行い、その他各一〇機内外宛をもって千葉、福島、宮城、岩手の各県下にも来襲した。これにより東京都内各所には相当火災を生じ、畏《かしこ》くも

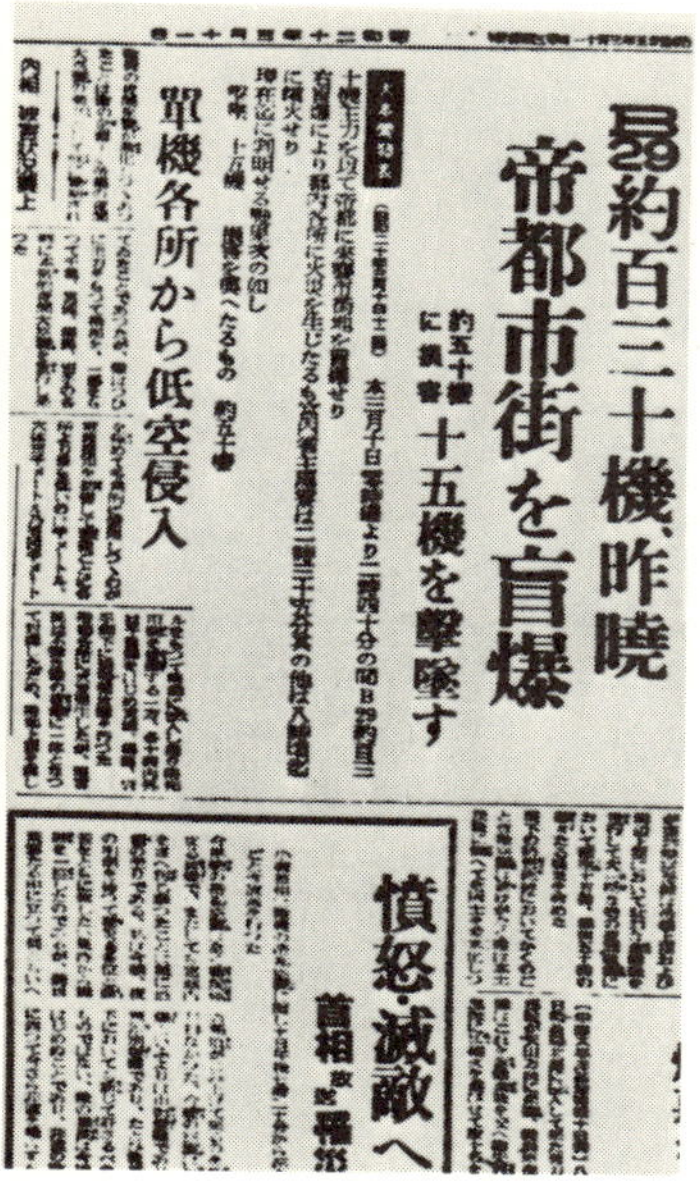
B29約百三十機、昨暁

帝都市街を盲爆

約五十機に損害

十五機を撃墜す

單機各所から低空侵入

憤怒・滅敵へ

首相放送

3月11日の新聞報道

再び宮城内の宮内省主馬寮付近にも焼夷弾が落下、一〇日午前二時三五分までに消火したが、都内各町の火災も午前八時頃までには軍、官、民一致の敢闘に依り鎮火せしめた。その他各県の被害は盛岡、平付近に若干の損害があ

ったのみであった……(『読売報知』)

大本営発表と、それにつづく報道記事を読んで、私が注目した点がいくつかある。まず東京都内でまっさきに火を消しとめた場所が、天皇陛下のいる宮城だったこと。来襲したB29が一三〇機で超低空で侵入したこと。東京ばかりでなくて、岩手、福島その他の各県も爆撃したこと。しかし、そのうちの一五機を撃墜し、約五〇機に損害をあたえたこと。

撃墜と損害をあわせれば合計六五機になり、来襲したB29のちょうど半分になる。もし、これがほんとうだとすれば、近頃めったにない大戦果である。大戦果なら、大本営発表の前に勇ましく軍艦マーチがなり

青山警察署横の当時（左）とその後（右）

ひびくはずだが、焼けのこりの家は停電のままでラジオは沈黙している。しかし、電気がきたにしても、軍艦マーチのなりひびくような、そんなのどかな状況であるはずはなかった。

これが、大阪とか名古屋とかよその市街地への空襲だったなら、大本営発表と報道記事を信じたかもしれないが、今回は東京、自分たちの町なのだ。その下町の大部分が一夜にして壊滅したことは、だれの目から見てもたしかな、まぎれもない事実である。「戦力蓄積支障なし」という文字が、そらぞらしい強がりとなってきこえ、むなしくひびくのを押えることができない。

この事実を無視した記事をつきつめてい

くと、景気のよい戦果もなにやら疑わしくなってくる。軍部の発表が一〇〇パーセント信用できぬことは、さきの初空襲の際の「九機撃墜」が証明ずみである。あれは九機でなくて、やはりクウキだったのだ。とすると、北北西の突風をついてやってきたB29は、ひょっとして、一三〇機よりももっとずっと多かったのではないか。

ほんとうなら、こんなときこそ〝神風〟が吹いたらいい。神国日本なら、天上の神々が見捨てるはずがないのだから、B29の大編隊は木の葉のように空中分解して、海のもくずとなってよいはずだが、神風はむしろ敵のほうに味方した。天照大神はじめ、天上の神様たちは一体なにをしていたのだろう。神風もあてにならないな、と私は思った。その証拠に、現人神《あらひとがみ》の天皇陛下のいる宮城まで焼けたわけだが、B29の爆撃の終了する五分前、二時三五分にいの一番に火を消しとめたところは、宮城の主馬寮だった。神風でなくて、人力が消火させたのである。

主馬寮とは、天皇、皇后両陛下の生活している住居ではない。その文字が伝えるように、天皇陛下の乗る馬の小屋のことだ。馬小屋は空襲中に消火させたが、「其の他」は八時頃までに鎮火したという。

其の他――大本営発表のなかで、なんとしても、もっとも気になるのは、この三字ばかりの単純な文字である。「其の他」はたしかに午前八時頃までに消えたけれども、どんな火だって、えんえんと八時間も燃えれば、燃えるものがなくなって消えるわけで、「軍、官、民一致の敢闘」で消しとめたものではない。むしろ、消そうとしてけんめいに敢闘した人びとこそ、逃げおくれて、悲惨な結末になったのではなかったか。

私の瞼の裏に、ふいに焼けこげて骨ばかりになった一台の消防自動車が、くっきりと浮上した。その自動車の底に首を突きいれて黒こげになっているのは、まぎれもなく消防隊員で、車底にある補助貯水タンクの水をもとめて死んだのだろう。タンクからまっしろな湯気が立ちのぼり、湯気にむけて腰をおったまま、ぱっくりと口を開いていたが、火を消しにいって、その火の犠牲になったのにちがいなかった。そんな隊員のことは一行も出ていないで、あっさり「其の他」でかたづけてしまってよいのだろうか。同じ猛火の中を生きのびた私の、素朴な疑問だった。

今にして、大本営が発表した「其の他」を、私は、ここに具体的に書きだすことができる。

三月一〇日、空襲警報が発令された零時一五分から同警報解除の二時三七分までの二時間と二二分――正味一四二分間に出た被害の規模は、後の広島や長崎に投下された原子爆弾の惨劇を除けば、まさに史上空前のものとなった。死者八万三七九三名、傷者四万〇九一八名、罹災者一〇〇万八〇〇五名、焼失した家屋二六万七一七一戸、半焼した家屋九七一戸、全壊一二戸、半壊二〇四戸、計二六万八三五八戸——と警視庁は発表した。

ただし、以上の数字は、三月一〇日被害の実数とはいえない。区役所も焼け、戸籍簿まで灰にしてしまったところもあるので、消防庁も、帝都防空本部もそれぞれ独自の調査によるまちまちの数字を残すよりほかになかった。したがって、警視庁の資料もまた一つの記録としかいえないだろう。

なお消防庁の記録によれば、この夜、B29から投下された鉄塊のうちわけは、爆弾一〇〇キロ級六個、油脂焼夷弾四五キロ級八五四五個、二・八キロ級一八万〇三〇五個、エレクトロン一・七キロ級七四五個。その中心地での密度について、「戦争中の暮しの記録」(『暮しの手帖』)は、つぎのようにしるしている。

まず　まわりを焼いて
脱出口を全部ふさいで
それから　その中を
碁盤目に　一つずつ

焼いていった
一平方メートル当り
すくなくとも三発以上という焼夷弾
みなごろしの爆撃
……

被害は、主として東京の下町地区に集中し、とくに本所区、深川区、城東区、浅草区の四区は、ほとんど全滅に近い決定的な被害を受けた。日本橋区、向島区が、これにつづく。本所区などは、実にその九割六分を一挙に焼失し、ほとんど無人の町と化し、全東京三五区のうちの三分の二にあたる二六区が、なんらかの被害を受け、三七万世帯が住居をうしない、四二万坪(約一四〇万平方メートル)の家屋面積が焼失し、これで「帝都」とよばれた首都・東京の約四分の一が見わたすかぎりの焦土となった。

一夜あけた〝川向う〟の下町地域は、見るも無残な廃墟と一変していた。人びとの生活は崩壊した。焼失した町は、またいつの日か取りかえすこともできるが、二度とよみがえってくることのない死体が、路上を、運河をうめつくし、橋の上にまで散乱していた。死体処理には、主として軍隊、警察官、消防団などが動員されたが、あまりにも多くの犠牲者ではかどらず、警備召集の部隊から、刑務所の囚人部隊までかり出されることになった。

当初、東京都の防衛本部は、関東大震災の経験に学んで、万が一の場合を予測し、一万個の柩《ひつぎ》を用意していたが、とうてい足りるものでないと判断し、方針を変えて、トラック、荷車、担架《たんか》などで、死体を人眼につかぬ公園にあつめるように指令した。二〇〇体から三〇〇〇体が一度に入る深い穴をいくつも掘り、火葬することなく、そのまま仮埋葬することにした。錦糸公園一万三〇〇〇体、上野公園八四〇〇体、隅田公園四九〇〇体など、下町地区とそれに隣接した地域の公園と空地は、みな一時しのぎの墓地に早変りしてしまったが、公園だけでは収容しきれず、寺院や学校にまで、どろどろの死体がトラックや荷車で運びこまれることになる。なかには荒縄をくくりつけただけの焼けトタンに、黒焦げの死体を乗せて、路上を引きずっていく警防団員の姿もあった。

非常措置として、仮土葬した公園、寺院の主だったところを地域別にすると、つぎのようになる。

1　本所、深川、城東方面…猿江、錦糸、菊川、中和、江東、緑町の各公園
2　下谷、浅草方面…上野、隅田公園
3　向島方面…原、吾嬬西《あづまにし》公園と法泉寺

焼け残った学校の前に立つ少年．東京・日本橋

4　本郷方面…六義園《りくぎえん》
5　日本橋、神田、京橋方面…青山墓地など、三月一五日現在で、都内六七ヵ所の公園、寺院、学校などに仮埋葬された死体は七万二〇〇〇体に及び、その後もぞくぞくと増えて、やがて八万体を超えた。さらに四月、五月と続く空襲の犠牲者を加えて、一〇万五四〇〇体にもなった。仮埋葬された遺体は、戦後三年目に掘りおこされ火葬されて、墨田区横網町の東京都慰霊堂内の「昭和大戦殉難者納骨堂」に納められ、一部遺族関係に引きとられていった分もあるが、三月一〇日以外の犠牲者は合計しても一万人にならないのだから、一〇万五四〇〇体からの遺体の九割がたは、三月一〇日

の人びとだと考えてよいだろう。まだほかに行方不明者、無数の運河を通じて東京湾から太平洋にまで流された死者、今なお地下深く眠る白骨体までふくめるとなると、わずか二時間半の空襲で、推定一〇万人からの東京都民の生命が奪われたことは、まちがいない。

一〇万人が、一晩で死んだ。しかも、そのほとんどは、〝銃後〟の守りについていたはずの母親や娘たち、年寄りや、いとけない子どもたちなのだった。

第五章　無差別爆撃命令書

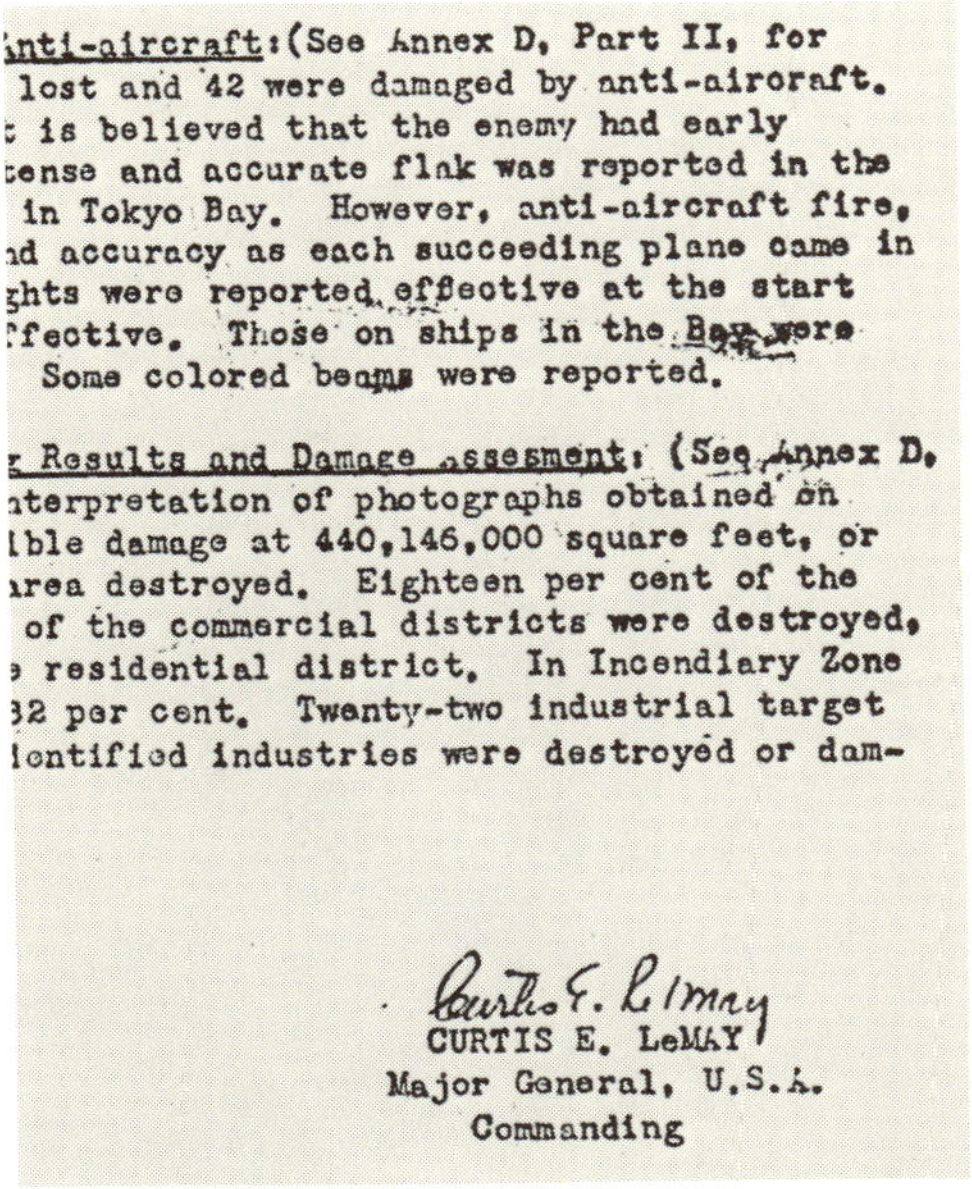

nti-aircraft:(See Annex D, Part II, for
lost and 42 were damaged by anti-aircraft.
: is believed that the enemy had early
:ense and accurate flak was reported in the
in Tokyo Bay. However, anti-aircraft fire,
nd accuracy as each succeeding plane came in
ghts were reported effective at the start
'fective. Those on ships in the Bay were
Some colored beams were reported.

r Results and Damage Assesment: (See Annex D,
nterpretation of photographs obtained on
ible damage at 440,146,000 square feet, or
area destroyed. Eighteen per cent of the
of the commercial districts were destroyed,
e residential district. In Incendiary Zone
32 per cent. Twenty-two industrial target
dentified industries were destroyed or dam-

CURTIS E. LeMAY
Major General, U.S.A.
Commanding

カーチス・E. ルメー司令官のサインがある「爆撃命令書」の一部

三月一〇日だけで、空襲は終ったわけではなかった。東京の庶民の町を焼きつくしたB29は、その勢いにのって血に飢えたけもののように機首を西に転じ、一二日名古屋、一三、四日大阪、さらに一七日神戸へと牙をむいておそいかかり、このまま いったら、日本の都市はしらみつぶしにやられて都市の機能も停止するのではないかと思っている矢先、また暗いニュースが飛びこんできた。

その後の東京空襲

三月二一日、硫黄島《いおうとう》守備隊が全滅したのである。硫黄島は、B29の根拠地であるマリアナ基地と日本とのちょうど中間地点にある。東京までの距離はぐんとちぢまって、わずか一二〇〇キロ。もしここに前線基地をかためたならば、B29ばかりでなくてP38、P51、P61などの戦闘機群をしたがえた敵は「戦爆連合」で本土に来襲することができる。「一億死に徹すれば危局活路あり」と新聞の見出しは悲壮感をただよわしていたが、これにまた追打ちをかけて四月一日、沖縄本島に敵が上陸すると、いよいよ来るべきものがきた、という感じで、父も母も、焼け残りの家で暗然とした表情になった。

この沖縄上陸作戦と呼応するかのように、三月一〇日以来ごぶさたしていたB29が、ふたたび紺青の空に姿を見せるようになった。しかし、たとえ、どんなひどい爆撃になろう

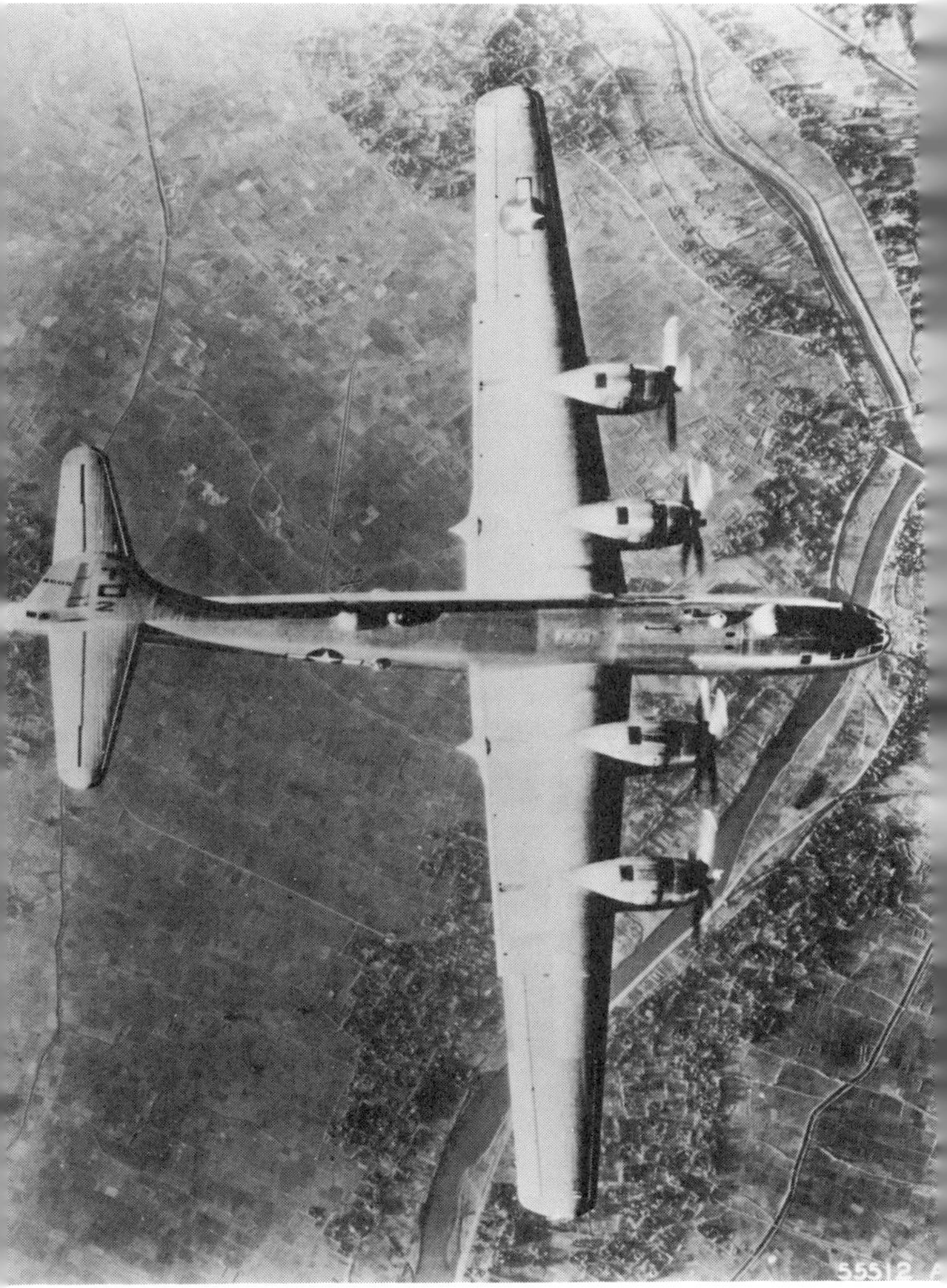

多摩川の上空を飛ぶ B 29

とも、こんどは家から一歩外に出さえすれば焼け跡だ。燃えるもののない無限大の避難場所があると私は高《たか》をくくっていたが、この考えは甘かったようで、敵は連続波状的にやってきた。しかも新しい戦法として、焼夷弾のほかに照明弾に爆弾、さらには時限爆弾まで多数混投するようになった。つぎつぎと闇空に破裂する照明弾は、昼をあざむくばかりに地上を照らしだし、その不気味さはたとえようもない。敵はあらかじめ目標をつけておいて、つぎに時限爆弾を投下する。これは落下してもすぐには爆発せずに、数時間後にドカンとくる。結局空襲後も長時間にわたる待避が必要となって、防空壕にうずくまったまま身動きもできず、神経のやすまるひまがなかった。

私は、もはや食いものと空襲のサイレンを待つだけの生活になっていた。工場は三月一〇日の打撃から、いつ立ち直るかさえも見当がつかなかったし、学校もない。なにもかも全部焼けてしまって、朝がきても、どこにも行くところがないのだった。母校は焼けのこりの小学校に居候《いそうろう》して、卒業その他の事務処理をおこなっているようだったが、たとえ生徒が集まってきたにしても、もう授業はなかった。三月一八日の臨時閣議で「決戦教育措置要綱」が決定され、国民学校初等科をのぞく全生徒は、向う一年間授業を停止して、「緊迫セル事態ニ即応スルタメ」増産と防衛の任務につくことになった。

しかし、増産にはげむべき工場もなく、町も見渡すかぎりの焼け野原になってしまった今、なにをどう防衛したらよいのだろう。

四月一三日、敵はまたまた大挙してやってきた。一六〇機のB29が小石川造兵廠《ぞうへいしょう》を中心に、豊島《としま》、荒川、王子、小石川、淀橋《よどばし》(現在の新宿区)、四谷《よつや》(新宿区)、牛込、麴町の各区を襲い、さらに二日後の一五日にも、やはり夜の一一時すぎから、二〇〇機のB29が京浜地区に来襲、大森(大田区)、蒲田《かまた》(大田区)の城南地帯と、川崎、横浜、鶴見各地区の広い範囲にわたって、波状攻撃をくわえた。この両日にわたる爆撃で二二万戸からの家が全焼したが、死傷者は合計しても三月一〇日の一五分の一である。来襲機数、投下弾はほとんど同じ規模なのに人的被害がすくなかったのは、軍や政府の厳重な報道管制や宣伝にもかかわらず、いつのまに

燃える炎に必死の消火作業

か都民は三月一〇日空襲の惨状を知り、空襲警報がなると、消火よりも避難をさきに考えたからだろう。しかし、軍ならびに警視庁は、これを決して好ましく受けとめたわけではなかった。四月一三、一五日空襲の後、警視庁消防部がのこした資料には、つぎのような文章がにがにがしくしるされている。

「三月一〇日ノ大空襲ノ結果一般都民ヲシテ焼夷弾ノ密集投下ニヨル初期防火ハ不可能ナリノ観念ヲ助長セシメオリタルノミナラズ、火災ニ対スル甚大ナル恐怖心ヲ醸成シオリタルタメ、大部分ガ逃避態勢ニアリ、全ク防火準備ヲ怠リオリタルモノト認ム」

ついで五月二四日未明、空襲警報のサイレンと同時に二五〇機のB29が都内西部方面に侵入、二時間にわたる無差別攻撃をおこなった。投下焼夷弾は七万六五一八個で、大森、品川、目黒、渋谷、世田谷《せたがや》、杉並《すぎなみ》方面に大火災が発生、死者七六二名、負傷者四一三〇名を出した。さらに翌二五日正午、またもや二五〇機のB29が、やつぎばやの連打で、まだ焼夷弾の洗礼を受けていない東京の残存地域に向けて、油脂、黄燐《おうりん》、エレクトロンの各種焼夷弾一二万二七二五個を一挙に投下、被害は中野、四谷、牛込、麴町、赤坂(現在の港区)、世田谷、本郷の各区を中心に山の手地域一帯にひろがり、南・北両多摩にまで及び、ついで夜半にもまた執拗《しつよう》な爆撃がくりかえされた。

五月二四日から二六日につづく空襲を、私はよく記憶にのこしている。

二四日の場合、火災は私たちの町・向島からかなりの距離をおいた西の空をあかあかと染めるところからはじまったから、私をはじめ焼け残りの家の住民たちは、みな見学者だった。見ている分には、これほど凄絶《せいぜつ》な眺めはなく、火中にいる者の気持を忘れてしまう。天も地も、多種多様な光の渦で、仕掛花火《しかけはなび》よりすさまじく噴き上がり、はねまわり、のたうって沸《たぎ》っている。わが軍の果敢な攻撃で、B29もつぎつぎとやられ、火の玉となって落下するのがよく見えた。

一機撃墜のたびごとに、私たちは歓声をあげ拍手をおくった。三月一〇日のかたきが討てるというものだ。近所のおじさんたちも、まるで子どものように「ざまあみろ」「それ、その勢いだ」「やれやれ、やっちまえ」「万歳」とさけんで拳をふりあげたが、そのうち、どうしたわけかふっと静かになった。路上に足音がいり乱れて、だれか担架で運ばれていく。やがて母が小声で教えてくれたが、通りに立って見物していた人の後頭部に、高射砲の破片が落下してきて命中したのだった。爆弾、焼夷弾の破片が、こんなところまで飛んでくるはずはないから、わが軍の高射砲のそれとしか思えない。

その人は、通りをはさんだ向い側の床屋のおじさんだった。

B29が火の玉になって万歳の「ばんざ」までさけんで、最後の「い」を残して即死した。するどい鉄片は、鉄カブトの右側からはいって、左側へ貫通したという。味方の高射砲弾の破片で死ぬなんて、死んでも死にきれないだろう。幽霊になったら、どこへ化けていくのかなと考えこんだが、つぎの二五日には、その私がまたあやうく幽霊になりそこねるところだった。

敵機は、いつものように西の空から一機ずつ侵入してきたが、ぞっとするばかりの超低空で、その機首は、あきらかに私の目の中にある。これはいけない、と思った。こちらが目をそらしても、敵は執拗に真一文字にいどんでくる。焼けのこりの家が目標になっているることはたしかで、とたんにガラガラガラガラと空がはじけた。ぴかぴかシューシューと、目に閃光が突きささった。

「焼け跡だ、焼け跡へ逃げろ！」

父が、さけんだ。

しかし、路上はすべて、火の壁だった。

火炎が波立って、うずまいている。路上にささりこんだ何十何百本もの六角形の鋼鉄筒が、それぞれみな白銀色の光芒をはなち、紅蓮《ぐれん》の炎は、その上でうねり狂っていた。路上

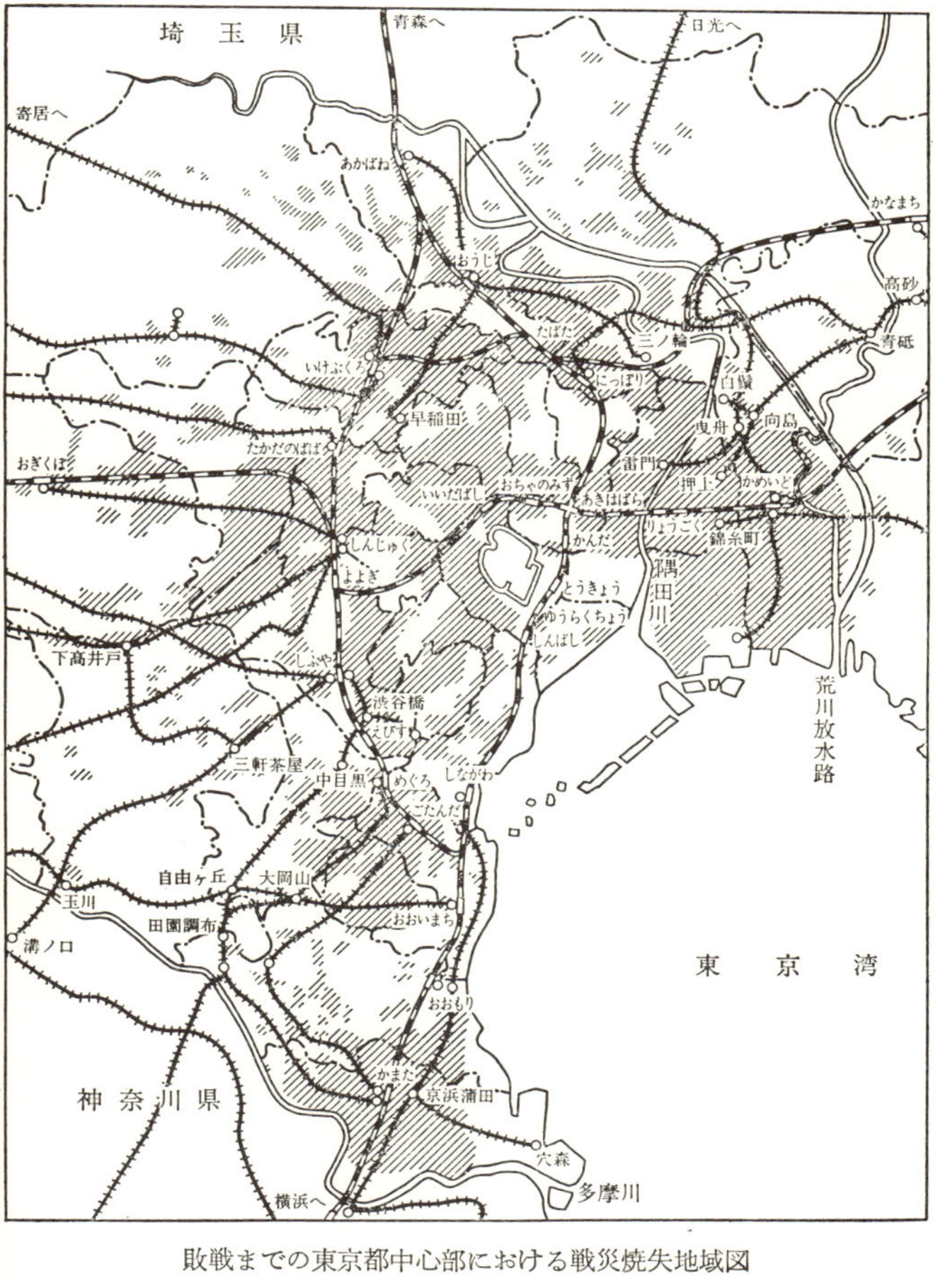

敗戦までの東京都中心部における戦災焼失地域図

のアスファルトが、どろどろに溶解してたぎっている。

父も母も火炎の中を走る人びとが、焼けた鉄板の上の豆とおなじに、ぴょんぴょんと跳ねていくように、私には見えた。つまずいて転倒したとたんに釜をひろい、私はその釜を頭にかぶった。ぐるりと胴についているつばが、火の粉をふせいでくれるのは都合よかったが、そのうち釜が焼けてきて、がっちりと頭部に食いこんできたのには困惑した。しかたがないのでほうり捨てたが、惜しいことをしたと思う。死体は焼け跡に散乱しても、人びとは見向きもしなかったが、これがもし鍋釜の類だったら、たちまちひろわれてしまう。人間の命は鍋釜よりも軽く、サイレンがなるたびごとに、人びとの数は減り、焼けのこりの町はまたさらに縮小して、大海の離れ小島のようになっていった。

「民防空ハ最近ニオケル徹底カツ大規模ナル空襲ニ、其ノ戦闘意識ヲ殆ンド喪失シオリ、タメニ初期防火全クオコナワレズ、火災ハ全被弾地域ニ及ブ」

警視庁消防部は、五月二四日から二六日未明にまでつづいた空襲について、そう記録している。

この五月二六日までのB29による無差別焼夷弾攻撃によって、東京は全市街地の五〇・八パーセントにあたる五六・三平方マイルを焼失し、昭和一六(一九四一)年一二月の開戦時点で六八七万人だった三五区の人口は、約三分の一の二五三万人に減少した。そして、東京の市街地域は、米軍の焼夷弾攻撃の目標リストからはずされ、一二二回にわたり延べ四九〇〇機も来襲したすべての東京空襲から、私はかろうじて、一命を取りとめることができたのである。

「必勝の信念をもって最後まで」

アメリカ側の発表によると、五月二五、六日につづく二回にわたる空襲で、東京を襲ったB29は延べ四七〇機で、投下弾は高性能爆弾四トンと各種焼夷弾三二五七トン。三月一〇日の場合は発表数字に多少のくいちがいがあるが、もっとも信頼すべき資料によれば、二七九機が一六六五トンの各種焼夷弾を投下したという。機数、投下弾ともに五月二五、六日空襲のざっと半分にしかならないが、死者数は大はばにちがって、三月一〇日推定一〇万人に対し、五月二五、六日の場合は、警視庁発表で三二四二人である。

投下弾が二分の一なのに、死者数は約三〇倍というこの驚異的な数字は、三月一〇日空襲の惨劇のすさまじさを語りつくしてあまりがあるが、ではなぜ、三月一〇日に一〇万人もの犠牲者が出たのかということを、さまざまな角度からつきつめてみたいと思う。

まず第一にいえることは、被害地の地形である。東京の下町は、山の手とくらべ、土地

59551

サイパン基地にせいぞろいしたＢ29の大軍

が低いだけでなく、川が多い。隅田川、荒川放水路、江戸川と三本の大川が東京湾に流れこむ埋立地に、軒を重ねあわせて人家が密集し、さらにこれらの川を縦横に結び、町を切りきざんで、たくさんの運河がある。ことに荒川放水路と隅田川とにはさまれた本所・深川地区は、運河と運河で碁盤の目のように、こまかく区切られている。しかも、これらの地域の人家は、ほとんど庭園らしいものもなく、窓をあければ隣家の窓が見え、時には一枚屋根でつながった長屋もあって、材質の九割がたは「木と紙と土」だったから、火が燃えうつるのに、なんの障害もなかったわけだ。避難場所はといえば、鉄筋コンクリートの学校か、公園、寺院ということになるが、それ以上の安全地帯まで逃げようとすれば、無数の運河が障害となった。木橋はみな燃えつきてしまって、かんたんに運河を越えられなかったからである。

B29の焼夷弾攻撃は、この町の周囲を火の壁で包囲しておいて、その後しらみつぶしに、ナパーム性の油脂焼夷弾のほか、エレクトロン、黄燐などの各種高性能焼夷弾を、雨あられのようにぶちまけた。すべての運河は、難を逃れて飛びこんだ人、押されて落ちた人でうずまった。だが、水中へ身を沈めた人で、助かった者はそれほど多くはない。両岸から火炎と熱風と黒煙が川面《かわも》を吹きなぐり、水面から首だけ出していた人は、一瞬に髪を焼かれて死んだ。火炎の前に、煙にまかれ、一酸化炭素で中毒死した人、また火に酸素をうばわれ、呼吸困難になって窒息死した人、さらに水温のあまりの低さのためのショック死、凍死、溺死もあっただろう。

水路だらけの独特の地形は、深夜、超低空でやってきたB29の無差別火攻め攻撃に、うってつけの好条件になった。折からの北北西の強風も、かれらに味方したといえる。風速三〇メートルからの強風は、すさまじい火事嵐となって逃げる人びとに襲いかかり、母親の手から離れた子どもをあっというまにさらって、火炎旋風の渦に巻きこんだ。風は火に勢いをつけ、その火によって風はまた、ふいごのようにはげしくふき荒れることになった。あの北風がなければ、三月一〇日の死者数は、かなりすくなくなっていたのではないか、と私は思う。

しかし、現場の人たちは、火炎を前にして、短時間のとまどいがあったことも、見逃すことはできない。逃げてはならぬ、火は消すものだ——の意識が、一二歳の私の頭の中にさえあった。

都民の携帯する『防空必携』には、表紙をひらいたとたんの巻頭に、必勝の誓《ちかい》という三カ条がしるされ、一、私達は必勝の信念をもって最後まで戦い抜きます。一、私達は準備

右側に旧両国国技館と隅田川を望む

見渡すかぎり焼け野原になった東京・下町地域.

を完全にし自信のつくまで訓練を積みます。一、私達は互いに扶《たす》け合い力をあわせて防空にあたります。……とある。その防空のにない手は、主として女たちだった。家の支えであるところの夫、父、そして兄や息子たちを前線に送りだしている家が多い。女たちは隣組を単位にして、警防団や消防隊の指導のもとで、毎日のように防空・防火訓練にはげんだが、その気持の底には、日に日に押しつまってくる窮乏生活の中で、とぼしい財産や幼な子をまもり、やがていつの日か、父や夫、兄や息子たちをむかえるべき家をまもりぬこうとする願いがあったにちがいない。自分からさきに逃げるなどというのは、非国民あつかいにされかねない時代だったのである。

また、たとえ、いかなる空襲があったにせよ、都民がそのために無断で退去したり避難することは、「防空法」という法律で、かたく禁じられていた。「防空法」の第八条には、「防空上必要アルトキハ……其ノ区域ヨリ退去ヲ禁止又ハ制限スル」、「必要アルトキハ……鉄道、軌道、航空機、船舶、車輛等ニ依《よ》ル人又ハ物件ノ移動ヲ禁止又ハ制限」し、この第八条の規定に違反した者は「一年以下ノ懲役又ハ千円以下ノ罰金ニ処ス」と第一九条に規定している。都民には、絶対に逃げることのできない防火義務が、法律として、頭の中にたたきこまれていたのである。

しかし、防火手段はといえば、砂袋に、バケツにとび口、水鉄砲まがいの防火用消火筒くらいなもので、少々たよりないのは事実だが、「爆弾とか焼夷弾は決して全部うまく命中するものではない」と防衛司令部参謀はいい、一回の空襲での死傷者は約一〇〇名内外だから、その「正しい認識」をもって敢闘精神で対処しろ、というのが軍部の方針だった。〝超空の要塞〟B29の大群を前にしての、この非科学的な防空精神と防空体制、防空義務は、都民一〇万人の死と決して無関係ではない。

防衛司令部の当初の判断によれば、一〇万人からの死傷者が出るためには、敵二〇機編隊で一〇〇〇回の空襲が必要なはずだった。それが、たった一回の空襲の被害になろうとは！

重なる軍部のミス

軍部のミスは、それだけにとどまらなかった。空襲警報発令前に敵機は東京に侵入し、寝首をかくようにして、第一弾を投下している。その時間は、三月一〇日零時八分。空襲警報発令は七分後の零時一五分で、前述のように二分きざみに猛火が各区をなめていったことを考えれば、この七分差は都民にとって、決定的な時間といってよいだろう。

空襲警報もならないうちに、敵は、どのようにして、私たちの頭上に侵入することができたのか。

米空軍は三月九日午後一〇時三〇分に、二機のB29を本土に接近させ、「退去」したと見せかけ隙をねらって、本隊を洋上すれすれの超低空で突っこませ、東部軍司令部や警視庁、都民の虚をついた……という意味のことを、私はさきに『東京大空襲―昭和二〇年三月一〇日の記録』に書いたことがある。

たしかに来襲したB29の先発隊が、これまでの高々度とちがって、超低空でアルミの細片をまきながら、日本軍の一部のレーダーを混乱させ、かろうじてとらえたサーチライトには、機関砲弾をあびせながら、奇襲作戦を決行したことまではまちがいない。しかし、その後三月一〇日の追跡調査をつづけていくうち、〃炎の夜〃の空襲警報のおくれについては、よりくわしい新資料と、信頼できる証言とを入手した。

東部軍司令部の情勢判断をあやまらせた第一のつまずきは、電波兵器の決定的な立ちおくれである。

同司令部指揮下の第三二航空情報隊には、当時、甲乙の二種類のレーダー(電波探知機)があった。電波警戒機甲は、二局を結ぶ電波の線上を敵機が横断した場合、その通過位置をとらえることができる。たとえば、房総白浜《しらはま》と伊豆の下田の二点を底辺として、双方から八丈島へと電波を流し、東京の入口を三角形の電波線で防備するもので、「線状警戒」という。これに対し、電波警戒機乙は「面状警戒」が目的で、およそ三〇〇キロの半径で扇状の電波を海上へ送り、敵機の来襲位置を点で捕捉する能力を持つ。電波警戒機乙陣地は、平磯《ひらいそ》、銚子、勝浦、調布《ちょうふ》、八丈島などにあり、ほかに無数の海軍小型監視船と、肉眼による監視哨とが、本土沿岸にびっしりと隙なく配置されていた。すべての情報は、無線や電話で、東部軍司令部に集中するしくみになっている。本来ならば、水ももらさぬ警戒体制だった。

ところが、レーダーの照準《しょうじゅん》が、それまでの敵機の通常侵入高度約八〇〇〇メートル付近にむけられていたのが第一のミスで、B29の大編隊は、その下をくぐりぬけ、電波妨害の多量のアルミ片をばらまきながらやってきた。おまけに九日午後からふきはじめた北北西の烈風は、深夜になるにつれてはげしさを増し、レーダーはほとんど作動せず、アンテナの柱は木製だったからこわれては大変と、司令部はレーダーの空中線装置の取りはずしを検討している始末だった。

北北西の突風は、洋上の小型監視船をも引き上げさせ、肉眼による監視哨さえも、いつになく手薄なものにさせてしまった。B29にとっては、願ってもないチャンスだったといえよう。

さらにまた敵の先発隊は、この夜にかぎって、めずらしく翼灯をつけてやってきた。だから友軍機とまちがえてしまって……と証言する人がいる。

藤井徳男さんは、当時千葉県市原《いちはら》の第一九〇二部隊本部通信係兼兵器係の陸軍軍曹《ぐんそう》だった。敵機をサーチライトで照らしだす市原大隊は照空部隊として、市原市に大隊本部があって、同市と千葉市にそれぞれサーチライト一個中隊ずつを配置していた。

九日午後一〇時三〇分、警戒警報が発令されて、大隊本部は房総上空を旋回するB29二機を警戒していたが、やがて敵機も遠ざかり、午前零時近くになって、師団司令部から「休宿姿勢に入れ」の指示が出た。藤井軍曹はやれやれと思い、持ち場を離れかけたとたん、部隊の監視哨から、「南方上空に爆音」の急報がくる。藤井軍曹はただちに司令部へ電話を入れたが、「敵機情報なし」の答で、さらにまた監視哨から「機は翼灯をつけている」の連絡。もう一度司令部へダイヤルをまわして報告すると、「先に侵入した敵機を追いかけていった友軍機の帰還だろう」とのことだった。

敵が、わざわざ明りをつけてくるとは思えなかったから、藤井軍曹も師団司令部の判断に、ほっと胸をなでおろしたという。

B29の先発隊が、まさか日本軍の目をあざむくために翼灯をつけてきたとは考えられないし、事実これまでにもそんなことはなかったわけだから、もしこの証言の裏を取るとすれば、約三〇〇機もの大編隊が目標攻撃地点で接触事故をおこすことがないようにという米軍側の配慮だろう。マーチン・カイディンの著書『敵へのたいまつ』によっても、三月一〇日空襲のかれらが上空での衝突を警戒してテルテール(航空灯)をつけ、どれほど慎重だったかがわかる。レーダーの立ちおくれと、敵機の誤認は、その後につづく、あまりにも深刻な悲劇へと結びつくことになる。

しかし、防衛軍の中枢であった東部軍司令部作戦室では、この敵大編隊の接近に気づかなかったわけではなく、実は参謀はじめ相当数の幕僚《ばくりょう》、将校たちは、事前に知っていたのだ、――ときわめて重大な証言をよせてくれたのは、当時、東部軍司令部民防空担当参謀付き将校として、ラジオでの「東部軍管区情報」の放送原稿の執筆にあたっていた藤井恒男陸軍中尉である。藤井中尉は、朝日新聞社会部陸軍省詰め記者から召集を受けて、前年四月からこの任務についていた。

東部軍司令部は、皇居と濠《ほり》をへだてた竹橋《たけばし》のきわにあった。明治ふうの二階建ての建物で、地下からトンネルで通じる作戦室は、厚さ二メートル以上ものコンクリートでかためてられていた。鉄の二重防火扉をあけてはいると、上下左右ほぼ正方形に近いだだっぴろい部屋になっていて、正面壁面に東京を中心とする大情報盤が、映画のスクリーンのように、敵味方の航空状況をさまざまな色の豆ランプの点滅でうつしだし、戦況が一目でわかる仕組みになっている。

赤い豆ランプは、敵機である。

敵機の進行状況は、無数の監視船、監視哨、あるいはレーダーによって情報が送られてくることは、さきにのべた。藤井中尉をふくむ三人の将校は、交代で作戦室につめて、情報盤や情報標示灯などを見ながら、敵機の機数、侵入方向を確認し、放送原稿を書いて参謀に渡す。参謀は軍としての立場から原稿に赤鉛筆の訂正を加えて、その原稿を日本放送協会の連絡員に手渡す。

連絡員はただちに廊下をはしって、その一隅の放送室詰めのアナウンサーに渡す。アナウンサーは、これをラジオに流すという順序になる。

三月九日の夜から一〇日未明にかけて、ラジオから刻々と伝えられてくる「東部軍管区情報」の原稿を執筆したのは藤井恒男中尉であり、これをマイクに乗せたのは、日本放送協会告示課放送員今福《いまふく》祝《しゆく》氏だった。ところが、かんじんの原稿が、今福アナウンサーにとどく前に重大な障害があった。それが、参謀による検閲である。

藤井恒男氏が『東京大空襲・戦災誌』によせてくれた証言に注目したい。

「そのうちに、情報盤の赤い豆ランプはあちこちで点滅をはじめだし、次第に状況判断が不可能になりはじめた。私は参謀に空襲警報を発令すべきだと進言したが、参謀は許可しなかった。参謀としては、状況がはっきりしないうちに、しかも深夜、空襲警報を発令すれば、天皇は地下の防空壕に避難しなければならないことになるし、社会の機能はその間麻痺《まひ》することになるという配慮があったのだろうと思う。そのうち、敵機が下町に焼夷弾を投下したという情報が入ってきた。その時初めて空襲警報が発令された。……三月一〇日の空襲警報が、空襲が始まってから発令されたのは、このような理由からだった」

天皇の安眠をさまたげてはならじ、と参謀はそう「発言」したのか、「配慮」したのか。私はそれをはっきりさせておきたい気持に動かされた。直接に藤井氏を病床に訪問してきくと、一戸《いちのへ》参謀が、たしかにそう「発言」したという。

もっとも、と藤井氏はつけ加えて、参謀とすれば軍を守ることでの「軍防空」を頭におき、その軍の統率者である天皇の身を第一に考えても不思議はないが、自分は召集でかり出されたジャーナリストで、「民防空」の中枢部にいたわけだから、一分でも一秒でも早く警報を出したかったのだ、という。

「一分のおくれだって、大変なことなのです。時速六〇〇キロ近いB29は、一分間一〇キロのスピードで近づいてくる。二分おくれれば二〇キロです。五分おくれれば五〇キロです。ですから、参謀の目をごまかして、情報原稿を放送室の連絡員に渡したこともあります。ほんとは、ぼくの気持としては、〃防火ニ努メラレタシ〃とか〃軍官民ノ敢闘ヲ望ム〃なんてものじゃなくて、早く逃げろ、といいたかった。しかし、そういえば、憲兵隊につかまるだけのことですからね。なんともつらい日々でした。三月一〇日にしても、もし空襲警報が一〇分でも前に発令されていたとしたら、被害を多少とも減らせたかどうか、そのへんはわかりませんが、情報当事者としては、なんともたえがたい気持なのです。一分でも早く、警報を出したかった」

藤井恒男氏は、それを再度くりかえして、はるかな遠い日の〃炎の夜〃を偲《しの》ぶかのように、感慨深く、窓の外に目をむけるのだった。

アメリカ軍の爆撃計画

ここで、アメリカ側資料のページを開くことにしよう。

「各所の火災は、すぐに一緒になって大きな火炎のかたまりとなり、はげしく燃えあがって、目標にちかづこうとする爆撃機は、六〇キロ離れたところから、この光がみえるほどであった。おくれて到着したB29は、大きな煙の雲のなかを飛ぶこととなり、爆弾倉のとびらをひらくと、木造建築の燃えるにおいが飛行機のなかまではいりこんできた。この大火災ははげしい乱気流をおこし、数機のB29が一瞬にして数百メートルも空に吹きあげられることもあった。搭乗員たちは、その座席からほうりだされ、機体にはげしくぶつかって、ヘルメットのおかげであやうく大けがをまぬがれるという始末であった」

アメリカの戦史家カール・バーガーは、その著書『B29・日本本土の大爆撃』の中で、米軍側から見た三月一〇日の惨状を、きわめて印象強く書いている。しかし五四トンものB29が、大火炎に吹きあげられるなどということが、実際にあるのだろうか。ちょっと大げさな感じがなくもないが、他の資料をあたっていくと、「搭乗員の報告によれば、火炎は非常に高くたち昇り、空はきわめて明るかったので、煙が一万八〇〇〇フィートの高さまでたちこめたが、二万フィートの高度で時計の文字盤を読むことができた」と『ニューヨーク・タイムズ』に報じたのはブルース・レイ記者である。『ボストン・グローブ』には、マーチン・シェリダン記者の、つぎのような特派記事がある。

「記者は、多くの地区ではげしく炎上する東京を見ただけでなく、火災による煙のにおいもかいだのであった。東京の上空には、巨大な煙の雲がうずまいていた。ものすごい火災だったので、記者の便乗したB29の爆弾倉のドア、胴体の下部、機銃座は煤煙《ばいえん》のため黒くなった」

空前の大火災が、爆撃する側のB29搭乗員たちに相当の脅威をあたえた事実もさることながら、マーチン・シェリダン記者ほか、かなりの数の報道陣が爆撃機に同乗していたことがわかる。まさか、連日のようにやってくるB29に、その都度新聞記者がついていたとは思えないから、これで三月一〇日無差別爆撃にかけたアメリカ側の、それなりの決意を読みとることができよう。

「東京の火災で生じた上昇気流のために、われわれの飛行機は、ピンポンのボールのように上空にはね上がった」

当時、サイパン・マリアナ基地の第二一爆撃司令官だったカーチス・E・ルメー将軍は、『ルメー自伝』に、誇らしげにそうしるした。

ルメーとは、どんな男か。戦時下の日本の新聞に〝鬼畜ルメー〟と呼ばれたカーチス・E・ルメーは、一九〇六年オハイオ州の生まれだから、一九四五年一月、三〇〇機以上ものB29をひきいる第二一爆撃機集団の総司令官に着任したとき三八歳だった。ルメーはそれまで、中国、ビルマ、インド戦域で活躍し、とくに漢口市街に焼夷弾をつかった〃絨緞《じゅうたん》爆撃〃で、目ざましい戦果をあげていた。

もっとも、ルメーが無差別爆撃の見本のような〃絨緞爆撃〃に踏みきったのは、これが最初ではない。第二次世界大戦勃発《ぼっぱつ》とともに、第八航空軍指揮官としてイギリスにわたり、対ドイツ攻撃でその名をとどろかした。

ハンブルク市街を焼きはらうのに、ルメーは、Ｂ17爆撃機を一列縦隊の飛行隊形でしらみつぶしに爆撃する方法を提案し、実行した。その結果、かなりの数のＢ17が高射砲の犠牲にさらされたが、ハンブルクの町は一枚の絨緞を敷いたような焼土と変り、これまでの高々度からの軍事目標中心の精密爆撃とちがって、戦果はいちじるしく大きくなった。

ルメー司令官は、この〃絨緞爆撃〃を、東京を中心とする日本の諸都市にむけて、強力にあびせかけようと考えたのである。

精密爆撃は、気象上の理由からも、思ったほどの成果があがらなかった。サイパン・マリアナ基地から日本本土までの太平洋上には、いつもひどいジェット気流が渦まいており、Ｂ29はその中を通過しなければならず、ようやく本土上空までたどりついても、目標が雲におおわれていて、なんにも見えないことが多かった。目標を確認できたのは、一ヵ月のうち、よくても七、八日くらいなもので、ひどい時だと三、四日しか見えないことさえあった。

しかも、八〇〇〇メートル以上の高空は、風が強く寒気《かんき》ははげしく、時に秒速八〇メートルもの突風がふき荒れて、零下四〇度にもなり、ガソリン消費量が増えるばかりか、B29のエンジンは過熱し、よく故障した。日本本土爆撃で失われたB29の大半は、日本側の防空陣の力でなくて、この悪天候のためだった。また高々度を飛行すれば、その分だけ余分なガソリンがいるから、爆弾、焼夷弾の搭載量はすくなくなる。ルメー司令官は、爆撃後にうつされた航空写真を一枚ずつ点検し、報告された情報をくわしく総合的に検討した結果、「その一夜、私はふとあることに思いあたった」と、ひらめきにもにた一行をしるしている。「日本軍は低高度に適する小口径対空火器をぜんぜん配備していないのではないか」と。

もし二〇ミリと四〇ミリ機銃がなければ、超低空の爆撃機を撃ち落とすことはできない。それまでの高々度用の重高射砲では、動きの早すぎる低空飛行の爆撃機には、追いついていけないから、まったく無力だということになる。また日本の夜間戦闘機は、わずか二隊だけだ。

ここに着目したルメー司令官は、最大限のB29を出動させ、「深夜」「超低空」「無差別爆撃」を決行することにし、目標を東京にえらんで、その日を三月九日夜と決めた。

三月九日の爆撃日の設定は、もっぱら、日本の気象状況をくわしく調べた結果だった。日本の上空には、一二月から五月のはじめまで、強い西風がふき荒れている。戦前四〇年間にわたって、日本の大都市一〇〇〇戸以上を焼失した大火事は二一回もあったが、それは一月から五月までの西風の強い日に起きている。家が多く焼ければ、もちろん焼死者も増える。とりわけ、もっとも強い風がふくのは一月から三月にかけてであり、さまざまな科学的なデーターを分析し、三月九日夜を〝最良〟の爆撃日と、ルメーは判断した。

ドイツとちがって、木と紙の家屋のひしめく人口密集地帯に、どのような焼夷弾が効果があるかということでは、すでに一九四三(昭和一八)年三月から、フロリダ州のエグリン飛行場で、日本の長屋をオープンセット風につくり、実際に各種焼夷弾の投下実験をしてみた結果、M69油脂焼夷弾がよい、との結論も得ている。

そのM69を一発でも余分に積みこむために、出撃するB29は、機銃も弾薬も銃手さえも全部おろした。これで一機あたりの焼夷弾は、平均六トン。投下高度は一五〇〇メートルとする。

最大限六トンの焼夷弾を、M69だけで搭載すれば、一機のB29で約五〇〇〇発ということになり、それは幅四五〇メートル、長さ二二キロにわたって、火の雨を降らすことができた。先頭のB29大隊は、〝準備火災〟を発生させる目的で、M47ガソリン焼夷弾を用意した。M47の破壊力はM69よりも高く、これで日本側の消防自動車を火点に集中させ、えらばれた四つの爆撃目標を示すために多数の照明弾を投下、ついで後続の大編隊は、町の周囲に火炎帯の壁を作っておいて、逃げまどう人びとの頭上に襲いかかり、火災力の強いM69焼夷弾をぶちまける。無差別の〝絨緞爆撃〟である。つぎにこれを、アメリカ側の資料によって、もうすこしくわしく見ていこう。

「戦術作戦任務報告」から

一九七〇(昭和四五)年八月、東京都の援助により「東京空襲を記録する会」が結成されてから、東京大空襲の実態をいろいろな角度から立体的に掘り起そうと、会は三回にわたり松浦総三事務局長をアメリカに派遣し、アメリカ国立公文書館その他に所蔵されている米空軍の作戦関係の膨大な資料を入手した。また並行して、「横浜空襲を記録する会」から、横浜市大教授今井《いまい》清一《せいいち》氏も、アメリカ戦略爆撃調査団文書など多くの資料を収集してきた。日本本土空襲など第二次世界大戦中の極秘資料は、ここ数年間にわたって、つぎつぎと秘密解除の手続きがとられ、東京空襲についての〝爆撃した側〟の新事実を知ることができる。

その中の一つ、三月一〇日の「戦術作戦任務報告」は超極秘資料で、一通ずつコピー・ナンバーがうたれ、第二一爆撃機軍団司令官カーチス・E・ルメー署名つきの「爆撃命令書」を中心に、作戦、気象、通信、諜報《ちょうほう》、総合統計など多角的に構成され、東京大空襲がいかに綿密に準備され、実施されたかを知るのに、基本的な資料だといってよいだろう。日本ではまだ未発表だが、つぎにその主要点をひろい上げてみれば、

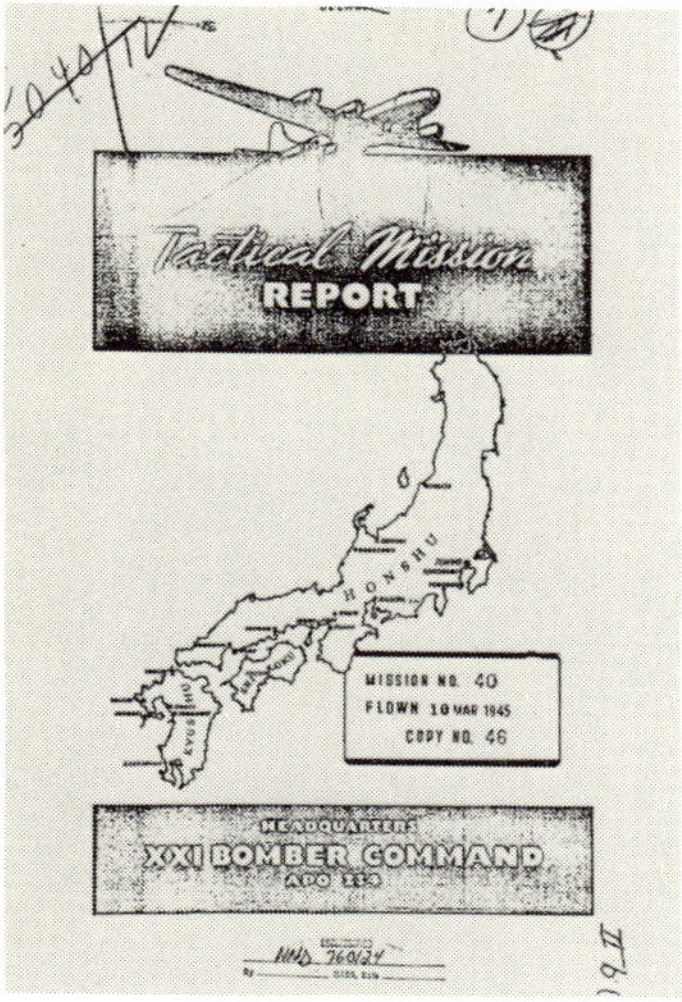

アメリカ軍の超極秘資料「戦術作戦任務報告」

「一九四五年三月一〇日、東京への夜間焼夷弾攻撃にさきだって、あらゆる条件が高度に科学的に計画された。これまでのところ、きわめて不利な気象条件が有視界爆撃をさまたげる例が多く、望んだような結果は得られなかった。そこで、まったく異質な作戦の研究の上に、低

空焼夷弾攻撃が計画された……」

と書き出される同報告書によれば、低空焼夷弾攻撃の利点は、一、気象条件よし、二、レーダーよし、三、ガソリンが節約できる分だけ焼夷弾を積めて、四、エンジンの負担が軽くなり、五、爆撃は目標に対して正確さを増す、とある。

一五〇〇メートルから三〇〇〇メートルまでの超低空で東京に侵入し、一平方マイル当り、すくなくとも二五トンの集中密度で焼夷弾攻撃を決行する。目標の重要性については、

「七〇〇万の人口を持つ世界三大都市の一つである東京は、日本の商業、工業の中心地で、重工業を除けば、ありとあらゆる日本の企業の中心地であり、機械、機械工具、電子工学、精密器械、石油、航空機、航空機部品のような重要軍需工業が、都市としてゆるされるかぎり集中している。また交通、通信の中枢部でもあり、本土の主要鉄道路線の大多数の始発駅でもある。さらにまた政府の行政所在地で、日本の軍需機械をふくむ大工業財団のカナメになっている」

この東京を爆撃するために、四つの目標地点がえらばれ、主力部隊よりも一時間半前に無線誘導機二機を先行させて、誘導信号を送るようにする。

爆撃にさきだつ九日夜一〇時三〇分、二機のB29が房総沖をのんびりと旋回し、都民の

注意を釘づけにしておいて「退去」し、ほっと一安心させたところに大編隊の奇襲攻撃だったから、私は今までのところ、この二機のB29は米空軍のオトリ機だとばかり思っていたが、そうではなかった。二機のB29は、後続の主力部隊に、無線で正確な航路を教える誘導機だったのである。

この先発機につづくB29の大編隊は、はたして何機だったのか。

第七三爆撃飛行団から一六一機が離陸し、第三一三飛行団から一一〇機、第三一四飛行団から五四機で、合計三二五機のB29が、サイパン、テニアン、グアムの三つの島から二時間四五分かかって飛びあがった。ただし、このうち実弾を積んでいたのは、同報告書によれば二七九機で、総計一六六五トンの各種高性能焼夷弾を投下した。まず最初の五機は先導機の指示にしたがい、一二五機は有視界爆撃で、一四九機はレーダーによって、あらかじめ計画されていたように、目標地点に焼夷弾を投下した、としるされている。実弾を投下しなかったほかのB29には、新聞記者やカメラマン、大勢の軍事要員が同乗して、撮影や報道などの任務についていた。

報告書のページを、さらにくろう。

爆撃と同時に、房総半島、東京東部、南部、中心部から「数基のサーチライトが先発機をとらえたが、それに対して約五〇〇回の掃射をあびせたほかは、この作戦で敵に対しての砲撃はおこなわれなかった。二、三の編隊は、強度と精度がさまざまな対空砲火を受けたが、自動兵器の砲火は一般に低すぎ、重高射砲のそれは高すぎ、その砲火の量も、火災と熱風が対空砲陣地をおそうとともに、急激におとろえてしまった」

「爆撃の結果は優秀だった」と、報告書はくりかえし念をいれて確認している。「先頭機はかんたんに目標地点をさがし出すことができたし、後続機も、すさまじい煙にもかかわらず火災の程度をたしかめることができた。しかし、火災からの熱気は、後続のB29をさまたげるような大気の乱流を生じた」

「敵機の抗戦は、思ったよりも弱かった。戦闘機が四〇回の攻撃をかけてきたが、B29は一機も失われることなく」、「対空砲火によって二機が失われたものの、その威力も中程度で、やがて弱まった」。こうして「一五・八平方マイルの地域が焼きつくされた。これには工業地域の一八パーセント、商業地域の六三パーセント、密集した住宅地域の中心部がふくまれ、その破壊率は八二パーセントにも達した」

ルメー将軍への贈り物

この輝かしい〝大戦果〟に対して、B29の損害は一四機だった。日本の戦闘機の攻撃によるものは零だったが、高射砲によって二機、事故と故障によるも一機、不時着水で四機、その他不明機が七機である。ほかに四二機が多少の損害を受けたが、不時着水したB29から四〇名の搭乗員が救出されたという。

私がもっとも興味をそそられたのは、この四〇名の乗員を救うための、大がかりな空と海にわたる救助計画の項目だった。

乗員の生命救助のために、日本本土からサイパン・マリアナ基地までのB29の帰途洋上に配備された潜水艦は四隻である。各作戦任務の全時間中、つぎの場所で待機した。すなわち、北緯三四度五〇分・東経一四〇度四〇分、北緯三四度〇〇分・東経一四一度〇〇分、北緯三三度〇〇分・東経一四一度二〇分、北緯三二度〇〇分・東経一四一度四〇分。つぎに駆逐艦、水上艇など洋上艦三隻、ダンボ機とよばれる大型機四機が、潜水艦とおなじように、それぞれ事前に指定された地点に配備されていた。

不時着水機と故障機からのSOSが発信されれば、大型機はただちにその現場に急行し、緊急装備を投下し、潜水艦ならびに洋上艇に指示をあたえることになっている。

B29にかぎらず、米空軍の空中勤務者には、特別の救命具が渡されていたが、それはつぎのようなものだった。ゴムボート一、十字のマーク入り鏡一、携帯食糧五日分と水筒に水、釣り道具、小刀、のこぎり各一(現地自活用)、ウォルサムの時計二(物々交換用)などで、その用意に手ぬかりはないが、十字のマーク入り鏡はなんに使うのかといえば、搭乗員がゴムボートの上から反射鏡で、捜索機に位置を知らせるためにである。

報告書によれば、不時着水した一機は、乗員九名がゴムボートに乗りうつってから、わずか一八分後に救助されている。また一機は、パジャリス島海岸線に不時着水し、捜索機と交信を取って、一時間以内に掃海艇が急行し、九名全員がぶじ救出された。

日本軍の場合だったら、まず、このようなことは考えられない。神風特別攻撃隊で知られるように、爆弾をかかえた攻撃機は、往路のガソリンしか用意してなかった。敵艦隊に体当りできようができまいが、ひとたび出撃すれば、とび立ったとたんに故障でもしないかぎりは、二度とかえってこれなかった。出撃はすなわち死の旅出で、兵隊の生命は鴻毛《こうもう》(鳥の羽根)のように軽かったのである。

私は、ルメー司令官の手になる「戦術作戦任務報告」のコピーをくりながら、この「空海協同救助計画」とその詳細な救助計画図を見ているうちに、なんだか、妙な気持になってくるのを押えることができなかった。

なるほど、ルメー司令官は、自分の部下の生命を、どんなに尊重していたかはよくわかる。ルメー将軍にかぎらず、アメリカ軍の場合は、だれもが納得できる救助計画がなければ、作戦任務そのものが成立しなかったのだろう。しかし、それほど一人ひとりの人間の命が大切だというならば、その兵士たちの無差別〝絨緞爆撃〟によって、一夜にして失われた一〇万人の生命は、どういうことになるのだろう。小さな蟻や虫けらのたぐいとおなじなのか。虫けらだって、一〇万匹を焼き殺すことは、ふつうの神経の人間にはできることではない。

「私は、日本の民間人を殺していたのではない。日本の軍需工業を破壊していたのだ。日本の都市の家屋は、すべてこれ軍需工場だった。スズキ家がボルトを作れば、お隣のコンドウ家はナットをつくり、おむかいのタナカ家はワッシャをつくっていたというぐあいに。……東京や名古屋の木と紙でできた家屋の一軒一軒が、すべてわれわれを攻撃する武器の製造工場になっていたのだ。これをやっつけてなにが悪いことがあろう。日本では女も、子どもまでが軍需産業にたずさわっていたことは以上の通りだが、残虐さは戦争そのものに帰せられるべきである」

と、ルメー司令官は自伝の中に書き残した。

残虐さは戦争にというならば、戦争と人間との関係は、どういうことになるのだろう。すべての責任は戦争にあって、人間にはないのだろうか。人間なしに、戦争があるはずはないのに。——

もっとも、一般市民を対象とした無差別爆撃をせめるならば、それはルメーとアメリカばかりでなくて、日中戦争勃発の一九三七(昭和一二)年、日本軍は中国の首都南京を占領、市民大虐殺のあと、蔣介石《しょうかいせき》政府を追いかけて、揚子江上流の都市重慶《じゅうけい》に対し、翌年二月から非戦闘員をふくめた無差別爆撃を二〇〇回以上もおこなった事実を、見落してはならないだろう。

戦後、カーチス・E・ルメーは、ヨーロッパ駐留米空軍司令官、米軍戦略空軍指揮官を経て、一九六一(昭和三六)年、米空軍参謀総長に就任した。まもなくベトナム戦争がアメリカの全面的介入によって火を吹きはじめると、ルメーはB29にかわって〝黒い殺人機〟と呼ばれるB52戦略爆撃機で、北ベトナムへジェノサイド(皆殺し)無差別爆撃の火の雨をあびせかけ、「ベトナムを石器時代に引きもどしてやる」といった。

一九六五(昭和四〇)年、空軍参謀総長からおりたルメーは、民間会社ネットワーク・エレクトロニクス社の重役になり、その後の大統領選挙に、ウォレス候補の要請を受けて、副大統領候補として出馬したこともある。

そのカーチス・E・ルメーが、まだ米空軍参謀総長のころ、極東方面を視察中、日本に立ちよったのは、一九六四(昭和三九)年一二月六日のこと。翌七日朝、埼玉県の航空自衛隊入間《いるま》基地に向ったルメーは、そこで天皇と日本政府からの贈り物「勲一等旭日大綬章《きょくじつだいじゅしょう》」を受取ったことを、最後に書きしるしておかねばならない。授章の理由は、ルメー大将が「日本の自衛隊建設に非常な功労があったから」というのが、衆議院予算委員会での、佐藤栄作首相の答弁だった。

さいごにひとこと

三月一〇日はなんの日か、ときいて「東京大空襲」をすぐ連想できる人は、どのくらいいるのだろう。

つい先ごろ、私はある放送局の仕事で、東京都内の小学生たちにマイクを向けて、おなじ質問をしてみたところ、子どもたちはみな一様に首をかしげて浮かぬ顔。東京大空襲を知っている子が、せめて一人くらいいるかと思ったが、結果はゼロだった。予想はしていたものの、私はおどろきと失望とに、戦後の歳月の長さを感じないではいられなかった。

ふりかえれば九年前、心ある人びとともに「東京空襲を記録する会」を結成してから、私はどれだけたくさんの場で東京大空襲の惨劇を語り、訴え、また書いてきたことだろう。その最初の呼び水として『東京大空襲―昭和二〇年三月一〇日の記録』(岩波新書)があり、さらに、東京大空襲を中心とする昭和史を庶民の目から描く自伝的な大河小説『わが街角』(新潮社)も、やっとのこと戦中篇五巻までを書き終え、ついで子どもたちのために児童文学として『火の瞳』(講談社)『猫は生きている』『絵本・東京大空襲』(理論社)も出した。いや、それよりも、あの〃炎の夜〃を決して「忘れまい」とする人びとの平和の決意は、これから二度と出ることはないと思われるような総合的な大資料集『東京大空襲・戦災誌』(全五巻講談社)となって、「記録する会」の運動はその目的を一〇〇パーセント達成したはずだったのに。

もちろん〃現代っ子〃たちが、それらの本を自発的に開くとは思えないが、心ある親や教師たちにより、人間の生命の尊さをつたえる一つの素材として、広島・長崎の原爆の悲惨さと同様、たった一夜で一〇万人もの生命が失われた東京大空襲・三月一〇日は、なんらかのかたちで、子どもたちの心にとどめられている……と思いたかった。しかし、それは私の願望でしかなかったのだろうか。足かけ一〇年にわたって、東京大空襲の追跡調査と、伝達活動とに全力をふりしぼったつもりだったが、やはり主観的な努力でしかなかったのだろうか。

東京大空襲について、まったく無知だった小学生たちは、しかし奇妙なことに、「零戦《ゼロセン》」や「大和《やまと》」については、じつによく知っていた。そのいきいきとした表情といったらなかった。「零戦」は、マンガの「宇宙戦艦ヤマト」とともに「零戦ハヤト」で、子どもたちのアイドルになっているのだ。「カッコいい」「イカス」戦争がふたたび子どもたちの心をとらえはじめ、「君が代」が国歌あつかいで教室に持ちこまれる一方、財界からは不況の打開は戦争しかないとの戦争待望論もちらほら、その戦時にそなえての「有事立法」が国会に登場してきたのは、偶然のかさなりなのか。どうも、そうではなさそうである。戦後三四年、戦後生まれの世代がこの国の人口の過半数を超えることによって、戦争体験が風化していくのは、かならずしも歳月だけに責任を問うわけにはいかないのだ。

しかし、アメリカの哲学者サンタヤーナも警告している。「過去の教訓を学ばぬ者は、かならず、おなじあやまちをくりかえすだろう」と。ほかの人はともかくとして、私だけはあやまちをくりかえしたくないと思う時、詩人谷川俊太郎《たにかわしゅんたろう》氏のかなしい歌「死んだ男の残したものは」の一節が、焼け跡を渡ってくる北風のように、ひょうひょうとした響きで、私の耳に迫ってくる。

死んだ彼らが残したものは
生きてるわたし
生きてるあなた
ほかには誰も残っていない

ほかには誰も残っていない

まったく主観的な努力かもしれないが、かろうじて生き残った私は、〃炎の夜〃に無念の死をとげた母たち、子たちのことを「忘却」の中に閉ざしてはならないし、そう決意する以上は、たったの一人になろうとも語りつづけるべきなのだろう。ほかには誰も残っていない。……

本書は三月一〇日のあの日、一二歳だった私と、いつのまにか同年齢になった中学生のわが子ならびに、わが子をふくむ世代に語りかけたい気持で書いた。すでに『東京大空襲―昭和二〇年三月一〇日の記録』があるので、内容がかさならないように新しい資料や証言、記録を加えながらその実態をあきらかにし、東京大空襲に至るまでのプロセスをも、私の体験を基調にして戦中生活と教育の面から光をあてた。参考にさせていただいた資料には、同書名の『超空の要塞B29』益井康一著、柏木浩著と雑誌『丸』(昭和四六年六月特大号)などがあり、また引用した当時の公式発表、およびその他の文献については、原文をそこなわぬよう気を使いながら、一部平仮名と現代かなづかいに書きなおしたことをおことわりしておく。さらにくわしくこの時代と、東京大空襲の全貌を追求してみたいと思う方がいれば、前述の新書と、小説『わが街角』などを参照していただければ幸いである。

なお、掲載の写真は、警視庁カメラマンだった石川光陽氏撮影のものと、月刊沖縄社ならびに「東京空襲を記録する会」保存のものを主に使用させていただいた。また、原稿執筆までに、大勢の人たちのあたたかい御協力を得た。まず快く体験記の引用を了承してくださった森川寿美子さん、東川豊子さん、また取材や資料の面で種々便宜と御協力をいただいた人たちに、石出敏雄氏、福岡喜代子さん、入本英太郎氏、西川千秋氏、福田三郎氏、藤井徳男氏、藤井恒男氏、松浦総三氏、今井清一氏、斉藤美代子さん。なお藤井恒男氏は病床から貴重な証言をいただいたが、その後まもなく病状が悪化し急逝《きゅうせい》されたのは残念でならない。福田三郎氏ともども、ここに、つつしんで御冥福を祈りたいと思う。

そして、さいごに岩波書店の岩崎勝海氏、島崎道子さん、坂口顕氏に、心からのお礼を申し上げたい。

一九七九年四月

早乙女勝元

東京が燃えた日　岩波ジュニア新書 5

1979年6月21日　第1刷発行 ©
1997年9月25日　第29刷発行

著　者　早乙女勝元《さおとめかつもと》

発行者　大塚信一

発行所　株式会社 岩波書店
〒101-02 東京都千代田区一ツ橋 2-5-5

電　話　案内 03-5210-4000　営業部 03-5210-4111
ジュニア新書編集部 03-5210-4065

印刷・製本　法令印刷　カバー・錦印刷

ISBN4-00-500005-3　Printed in Japan

岩波ジュニア新書の発足に際して

きみたち若い世代は人生の出発点に立っています。きみたちの未来は大きな可能性に満ち、陽春の日のようにひかり輝いています。勉学に体力づくりに、明るくはつらつとした日々を送っていることでしょう。

しかしながら、現代の社会は、また、さまざまな矛盾をはらんでいます。営々として築かれた人類の歴史のなかで、幾千億の先達《せんだつ》たちの英知と努力によって、未知が究明され、人類の進歩がもたらされ、大きく文化として蓄積されてきました。にもかかわらず現代は、核戦争による人類絶滅の危機、貧富の差をはじめとするさまざまな人間的不平等、社会と科学の発展が一方においてもたらした環境の破壊、エネルギーや食糧問題の不安等々、来るべき二十一世紀を前にして、解決を迫られているたくさんの大きな課題がひしめいています。現実の世界はきわめて厳しく、人類の平和と発展のためには、きみたちの新しい英知と真摯《しんし》な努力が切実に必要とされています。

きみたちの前途には、こうした人類の明日の運命が託されています。ですから、たとえば現在の学校で生じているささいな「学力」の差、あるいは家庭環境などによる条件の違いにとらわれて、自分の将来を見限ったりはしないでほしいと思います。個々人の能力とか才能は、いつどこで開花するか計り知れないものがありますし、努力と鍛練の積み重ねの上にこそ切り開かれるものですから、簡単に可能性を放棄したり、容易に「現実」と妥協したりすることのないようにと願っています。

わたしたちは、これから人生を歩むきみたちが、生きることのほんとうの意味を問い、大きく明日をひらくことを心から期待して、ここに新たに岩波ジュニア新書を創刊します。現実に立ち向かうために必要とする知性、豊かな感性と想像力を、きみたちが自らのなかに育てるのに役立ててもらえるよう、すぐれた執筆者による適切な話題を、豊富な写真や挿絵とともに書き下ろしで提供します。若い世代の良き話し相手として、このシリーズを注目してください。わたしたちもまた、きみたちの明日に刮目《かつもく》しています。(一九七九年六月)

岩波ジュニア新書

265 新版 星座12カ月 冨田弘一郎 著

ロマンあふれる、星座をめぐる神話の世界へとみなさんを招待。最新の天文データにより改訂、さらに使いやすくなりました。夜空を見上げるのが楽しくなる本。

266 テレビとのつきあい方 佐藤二雄 著

社会は「テレビが存在すること」を前提として成り立っている。この最も身近な友人の正体とは？ テレビ報道の問題点など具体例豊富に語るテレビ・リテラシー入門。

267 会社で働くということ 森　清 著

きみたちがいずれ迎える職業人の世界は、学生時代とどう違う？ 今から会社の仕事の実態を知り、職業意識を身につけよう。就職活動を始める学生、新社会人も必読。

268 南方熊楠
―森羅万象を見つめた少年―
飯倉照平 著

型破りな明治の博物者、南方熊楠《みなかたくまぐす》の青春時代の旅の跡を日記や手紙、スケッチなどを手がかりにしてたどる。好奇心にみちた、真剣にして奔放な生きざまが今甦る。

269 原発を考える50話 西尾　漠 著

原発問題が再び大きな関心を集めています。プルトニウムと放射性廃棄物、原発をめぐる社会的問題、エネルギーとしての原子力など、様々な角度から照射する50話。

270 ハンドブック 子どもの権利条約 中野　光・小笠　毅 編著

「全世界の子どものための大憲章」ともいうべき画期的な内容と精神を、条文ごとにやさしく解説、一冊でまるごとわかる便利なハンドブック。正文(英語)と対訳付。

271 いじめを考える なだいなだ 著

昔からあったいじめが、大人の社会では少しずつ減ってきたが、学校という場には残ってしまった――こう考える著者が、精神科医の立場から解決への糸口を探ります。

272 科学の考え方・学び方 池内　了 著

〝科学的に考える〟とは？ 宇宙物理学者が、研究の方法を紹介し、オウム騒動などの事件を読み解きながら社会と科学の関係、理科を学ぶ意義を若い人へ熱く語る。

岩波ジュニア新書

273 コミュニケーションの英語　小島義郎 著

単なる英会話の反復練習では身につかない、話し手と聞き手の間にある言葉と意味の関係を例文豊富に解説した「オーラル・コミュニケーション」待望の入門書。

274 みんな地球に生きるひと Part 2　アグネス・チャン 著

大評判だった前著から九年。アグネスは、コンサート、講演、ボランティアなどに大活躍。この間の交流を中心に、いじめの問題にもとりくんだ感動体験第二弾。

275 ウォーキングの本　池田克紀 編著

身体にやさしく、しかも手軽にできる運動として、注目されるウォーキング。その効用、文化、科学的な研究成果から実践的な方法まで紹介したガイドブック。

276 砂糖の世界史　川北稔 著

茶や綿織物とならぶ「世界商品」砂糖。この、甘くて白くて誰もが好むひとつのモノにスポットをあて、近代史の流れをダイナミックに描く。世界史Aを学ぶ人は必読！

277 青春英語キーワード　アン・マクドナルド著

アンが日常会話の発想に役立つ生きた英語表現を紹介。アメリカのティーンエイジャーのライフスタイル、社会問題など興味深い話題もたくさん載っています。

278 人口危機のゆくえ　芦野由利子　戸田清 著

二〇五〇年には世界人口は百億に。複雑な要素をたくさんかかえたこの大問題を、環境、開発、貧困、女性の人権など、さまざまな角度から考え、新しい視点を提供します。

279 宇宙の誕生　二宮正夫 著

膨張を続ける宇宙はどのようにして現在の姿になったのでしょうか。宇宙誕生の〝瞬間〟の解明へと迫っていくまでをわかりやすく解説。現代科学最大の謎への招待。

280 やさしい英字新聞入門　天満美智子　エリック・ベレント 著

文法から発想法まで、英字新聞の特徴を具体例豊富にわかりやすく解説。欧米一流紙から厳選した英文の魅力を味わいながら、英語の実質的な力がめきめき身につく本。